SIMPLISSIME

OUEST AMÉRICAIN
PARCS NATIONAUX

W0362105

LE GUIDE DE VOYAGE LE + PRATIQUE DU MONDE

hachette
TOURISME

SOMMAIRE

À SAVOIR

DÉCOUVRIR LES PARCS NATIONAUX

VISITER

Attention, les États-Unis sont un pays immense (plus de 900km de San Francisco à Las Vegas). Nous indiquons le temps de trajet moyen entre chaque étape, mais prenez bien en compte la météo, les arrêts photos ainsi que l'horaire d'arrivée souhaitée à votre hébergement. Alternez journée de route et journée(s) de découverte dans les parcs pour profiter au mieux de ces grands espaces.
Il est bien entendu possible de combiner autrement votre itinéraire dans ces parcs selon les possibilités de vols, de location de voiture, etc.

Les guides de voyage Simplissime partent d'un constat simple : comment s'épargner le casse-tête de la préparation du voyage (trajets, hébergements...), repérer ce qu'il faut absolument voir et faire, trouver de bons restos... sans passer des heures à consulter guides et sites Internet ?

Pour chaque titre, une équipe d'auteurs et d'éditeurs experts de la destination s'est donc réunie pour répondre à toutes vos questions pratiques et vous proposer les meilleurs circuits ou séjours, de façon claire et synthétique. Chaque circuit est présenté étape par étape avec, pour chacune, les visites et activités à ne pas manquer et nos meilleures adresses pour vous régaler !

Avec les **deux circuits** de ce guide, ne ratez rien des légendaires villes et parcs du l'Ouest américain : sillonnez San Francisco dans l'un de ses *cable cars* mythiques, randonnez vers les sommets du Yosemite, plongez dans l'immensité du Grand Canyon, rêvez de fortune à Las Vegas, explorez les geysers de Yellowstone, traversez villes fantômes et territoires indiens... Vous rêvez de l'Ouest américain, partez-y, tout simplement !

100% OUEST AMÉRICAIN

Pour connaître les adresses préférées des Américains, repérez ce pictogramme qui accompagne les endroits sélectionnés par **Delphine Givord** et **Jean-Philippe Cavaillez**, fondateurs du blog Lost in the USA (lostintheusa.fr). Amoureux des États-Unis et infatigables *roadtrippers*, ils sillonnent l'Ouest américain depuis plus de 10 ans et ont déjà visité plus de 40 parcs nationaux !

INFOS COVID-19

En raison de la pandémie, les sites et monuments peuvent être amenés à restreindre leurs horaires et à s'adapter en permanence à la situation. Consultez leur site Internet pour obtenir des informations à jour ou réserver un créneau de visite.

Bryce Canyon en hiver

LES PARCS NATIONAUX DE L'OUEST AMÉRICAIN EN BREF

Zion Canyon

États-Unis
Capitale : Washington D.C.

11h30 de vol
Paris-San Francisco

Passeport et ESTA
en cours de validité (voir p.8)

Décalage horaire
(par rapport à la France)
– Wyoming, Colorado, Utah : -8h.
– Nevada et Californie : -9h.
– Arizona : -9h l'été, -8h l'hiver, sauf territoires navajo (= Utah).

Dollar américain (US$)

Le parc de Yellowstone
équivaut à la taille de la Corse (env. 9000 km²)

61 parcs nationaux aux États-Unis
11 sont traités dans ce guide

CANADA
WASHINGTON
MONTANA
OREGON
IDAHO
Yellowstone NP
Grand Teton NP
WYOMING
Yellowstone, Grand Teton et les parcs nationaux depuis Denver p. 146
NEVADA
Salt Lake City
Rocky Mountain NP
Denver
San Francisco et les parcs stars de l'Ouest p. 42
UTAH
Arches NP
COLORADO
Yosemite NP
Capitol Reef NP
Moab
San Francisco
Bryce Canyon NP
Canyonlands NP
Zion NP
Death Valley NP
Las Vegas
Monument Valley TP
Grand Canyon NP
CALIFORNIE
Los Angeles
NOUVEAU-MEXIQUE
ARIZONA
OCÉAN PACIFIQUE
0 200 km
0 100 200 miles
MEXIQUE

COMMENT Y ALLER ?

AÉROPORTS INTERNATIONAUX

4 aéroports internationaux desservent nos circuits de l'Ouest américain : San Francisco et Las Vegas (Circuit 1), Denver et Salt Lake City (Circuit 2).
L'aéroport de Jackson Hole peut être intéressant pour un vol intérieur.
Temps de vol : 11h30 pour un Paris-San Francisco et 10h env pour un Paris-Denver sans escale.

PRIX D'UN BILLET AR PARIS-SAN FRANCISCO ET PARIS-DENVER

- **Paris-San Francisco**

900€ Tarif moyen
600€ Très bon tarif
410€ Excellente affaire !

- **Paris-Denver**

700€ Tarif moyen
510€ Très bon tarif
410€ Excellente affaire !

Moyenne annuelle. Il est conseillé de réserver bien à l'avance, surtout pour un voyage en haute saison (juillet-août).

FORMALITÉS

Voyage de tourisme (moins de 90jours)

- Chaque voyageur (enfant compris) doit posséder un **passeport** biométrique ou électronique et une **autorisation de voyage ESTA** qui est à remplir en ligne uniquement, sur le site officiel : https://esta.cbp.dhs.gov/esta, au plus tôt (au moins 72h avant le voyage) ; 21$.
- Un mineur voyageant seul doit avoir une autorisation de sortie du territoire.
- Interdiction d'importer des aliments périssables non stérilisés.
- Tout appareil électronique doit être chargé (la douane peut contrôler).

Monument Valley

LES PARCS NATIONAUX, COMMENT ÇA MARCHE ?

NATIONAL PARK, MODE D'EMPLOI

• Un **parc national (National Park, abrégé NP dans le guide)** est un site naturel protégé par le National Park Service. Informations très complètes sur chaque parc sur **nps.gov** (en anglais).

• Il est interdit de ramasser bois, pierres ou fossiles, de cueillir plantes et fruits, de nourrir les animaux sauvages, de faire du feu en dehors des zones prévues (fortes amendes).
Respecter les panneaux et les **conseils des rangers**.

• **Que faire ?** Une fois l'entrée payée, on passe au Visitor Center (voir encadré ci-contre), puis on profite du parc pour quelques heures (en suivant une route panoramique, *scenic* route), à la journée (petite randonnée sur des sentiers balisés, arrêts pour des points de vue époustouflants...), voire davantage (dormir dans le parc) pour côtoyer au plus près les animaux !

• Attention, pour **dormir à l'intérieur des parcs** les plus célèbres (Yosemite, Grand Canyon, Yellowstone...), réserver 6 mois à 1 an à l'avance (voir p.14).

• Des **épiceries** (*grocery store*) existent dans certains parcs (chères), mais mieux vaut se ravitailler avant.

Rocky Mountain National Park

DROIT D'ENTRÉE ET TARIFS

• Plusieurs routes peuvent mener à un parc. Vérifier leur ouverture (nps.gov).

• L'entrée à chaque parc est payante : de 20 à 35$ par véhicule (et ses occupants) valable 7 jours (réduc piéton, vélo, moto).

• À partir de 3 ou 4 parcs visités, le **pass America the Beautiful** (officiellement InterAgency Annual Pass) peut être intéressant. Coût : 80$/an ; vendu à l'entrée de chaque parc. Il couvre le titulaire et les occupants du véhicule (dans les parcs où l'entrée se règle par personne, pass valable pour 4 adultes max). Laisser la contremarque apparente dans le véhicule. Attention, ne donne pas accès aux State Parks ni aux Navajo Tribal Parks.

• Entrée gratuite – 16 ans.

VISITOR CENTER

L'arrêt essentiel avant de commencer sa visite ! Infos sur la météo, la sécurité, les campings, plans des randonnées, propositions d'activités, de balades guidées par des rangers... Parfois, petite expo sur la géologie, l'histoire ou la faune et la flore locales.

SE DÉPLACER À L'INTÉRIEUR DU PARC

- Avec son **propre véhicule**. Routes bien aménagées. On s'arrête sur un parking pour se balader, photographier...
- Face à l'afflux de visiteurs (plus de 6 millions/an à Grand Canyon), système de **navette** gratuite obligatoire (Zion) ou optionnel (Grand Canyon).

LES AUTRES PARCS

- Vous trouverez aussi dans ce guide des visites de parcs d'État, ou **State Parks**. Entrée : 10$/voiture env.
- La nation navajo gère les **Navajo Tribal Parks** : Monument Valley (p.116) et Antelope Canyon (p.122). https://navajonationparks.org

WILDERNESS OU BACKCOUNTRY PERMIT

Chaque parc comprend une zone de nature exempte de toute intervention humaine, appelée "wilderness" ou "backcountry". Un permis est requis **pour y randonner ou y dormir;** demander au Visitor Center ou au Backcountry Center du parc (à l'avance pour aller au fond du Grand Canyon).

Grand Canyon

MÉTÉO

SAISONS

Printemps et septembre : températures et fréquentation des parcs optimales, même si certaines routes d'accès aux parcs peuvent être fermées jusqu'à mi-mai/début juin.
Juillet-août : haute saison touristique. Été très chaud, voire caniculaire (Death Valley, Nevada, Arizona), clément dans la Sierra Nevada (Yosemite) et les Rocheuses.
Hiver : rude dans les Rocheuses et Yosemite (fortes neiges).
Astuce : les belles photos des roches rougeoyantes se prennent au lever ou au coucher du soleil !

ÉQUIVALENCES °C/°F (DEGRÉS CELSIUS/FAHRENHEIT)

0°C = 32°F
15°C = 59°F
20°C = 68°F
30°C = 86°F
38°C = 100°F

DEATH VALLEY NATIONAL PARK

Il est préférable de visiter la Vallée de la Mort au printemps/automne, car, en plein été, la température moyenne dépasse les 40°C avec des pics approchant les 50°C. Éviter de s'y promener entre 10h et 17h.
Prévoir beaucoup d'eau et le plein d'essence, et impérativement respecter les panneaux et les consignes des rangers.

Arches National Park

HÉBERGEMENT À L'INTÉRIEUR DES PARCS NATIONAUX

CAMPINGS *(CAMPGROUNDS)*

- Solution la plus économique : 10-30$/tente+voiture, 20-30$/camping-car. Souvent dans des endroits préservés, pour vivre pleinement l'expérience des grands parcs et se réveiller en pleine nature !
- La plupart des campings disposent d'une aire d'accueil pour **camping-cars** (*Recreational Vehicle*, ou RV) et certains proposent des ***cabins*** (tentes prémontées)
- Certains campings sont sur réservation, d'autres sur la base du "premier arrivé, premier servi" (*First-Come First-Served*, abrégé FCFS). Si le ranger n'est pas présent, la somme pour la nuitée doit être laissée sous enveloppe dans une boîte prévue à cet effet.
- **Camping réservable** : sur **recreation.gov** ou via l'onglet "*Plan your visit*" du parc concerné sur nps.gov. Réserver 4-6 mois, voire 1 an à l'avance pour un séjour de mars à novembre dans les parcs très fréquentés (Yosemite, Death Valley, Grand Canyon) ou à l'hébergement limité (Bryce, Zion, Arches, Canyonlands).
- **Camping *First-Come, First-Served* :** en haute saison, dans un parc très fréquenté, arriver avant 10h pour avoir une chance. Se renseigner au Visitor Center.
- **Équipements :** toilettes (parfois sèches), table, *firepit* pour faire du feu, barbecue ; pas toujours de douches, d'électricité ni d'eau potable (plus rare).
- **Camping sauvage *(backcountry camping)* :** réservé aux baroudeurs qui doivent se procurer un Wilderness Permit au Visitor Center (voir p.11).
- **Matériel :** prévoir son matériel, on peut aussi le louer. Avoir de la monnaie (pour les douches, le bois...).

LODGES/HÔTELS

- Établissements de charme très bien intégrés dans le paysage, gérés par des compagnies privées.
- Solution la plus confortable mais la plus chère : 180-400$/nuit.
- Résa le plus longtemps à l'avance pour un séjour en haute saison. Sites généralistes d'hébergement en ligne.

Camping dans le Yosemite NP

HÉBERGEMENT EN DEHORS DES PARCS NATIONAUX

MOTELS

Pour faire une halte sur la route ou quand les emplacements des parcs sont pleins

- Hôtels économiques conçus pour se garer directement devant sa chambre. Situés en dehors des centres-villes, aux alentours des sorties d'autoroutes et le long des grandes artères menant en ville.
- **Réservation** : pas nécessaire. "*Vacancy*" = il reste des chambres libres.
- Visiter la chambre avant de payer.
- **Équipements** : clim, TV, frigo, cafetière, parfois kitchenette.
- **Tarif** : 50-200$/double. Budgets serrés : Motel6, EconoLodge, Super 8.

AUTRES TYPES D'HÉBERGEMENT

Réservation conseillée le plus à l'avance possible (haute saison et week-ends)

- **Campings privés :** souvent à proximité des parcs. Bien adaptés aux camping-cars, moins aux campeurs. Certains proposent des bungalows équipés *(cabins)*, en bois ou toile. Tarifs plus élevés que les campings des parcs : 25-50$/2 pers mais mieux équipés (piscine, supérette, laverie...). Résa sur koa.com, uscampgrounds.info...
- **Hôtels :** offres et tarifs très divers. Bien vérifier si les **taxes** sont comprises ou non dans le tarif annoncé (*taxes included*). Certains hôtels effectuent un pré-paiement.
- **Bed & Breakfast :** adresses de charme, parfois dans des demeures historiques. Tarifs élevés : 100-300$/2 pers.
- **Auberges de jeunesse (AJ) :** peu d'adresses hors zones urbaines. De 50-90$/lit en dortoir à 100-200$/double privative. Réseau Hostelling International : hiusa.org et auberges de jeunesse privées.
- **Taille de lit** (*bed* ; par ordre croissant) : Twin, Double (ou Full) Queen, King.

SE DÉPLACER

CHOIX DU VÉHICULE

- Avoir son propre véhicule est l'idéal pour rejoindre les parcs nationaux et les visiter.
- Réseau de bus limité.
- Pas besoin de 4x4 (sauf rares exceptions signalées).
- Un camping-car (RV, *Recreational Vehicle*) est plus cher qu'une option voiture+motel (4000$/3sem env), km limité, stationnement réglementé en ville et interdit en bord de route pour la nuit, mais cuisine à bord et pas besoin de monter la tente !

ROUTES ET ORIENTATION

- *Freeways* (autoroutes) et *interstates* (routes reliant les États) sont gratuites.
- Les panneaux indiquent le n° de la route et la direction North, South, West, East ("I-80 E").

LOCATION DE VOITURE

- **Réservation :** moins chère depuis la France que sur place. Passer par un comparateur (Carigami, BSP Auto...) pour obtenir des tarifs intéressants.
- **Permis :** permis national suffisant.
- **Âge minimum :** pas de location avant 21 ans (voire 25 ans). Certains loueurs proposent une assurance jeune conducteur (*Underage Fee/Surcharge*).
- **Carte bancaire :** carte de crédit (et non de débit) internationale obligatoire au nom du conducteur.
- ***Drop Off/One Way* :** option du retour du véhicule ailleurs qu'au lieu de prise en charge. Tous les loueurs ne la facturent pas.
- **Assurances :** lisez bien le contrat, les assurances de base sont souvent incluses.

Impératif : une assurance tous risques (mieux avec suppression de franchise) pour tout dommage causé au véhicule (LDW ou CDW, *Loss* ou *Collision Damage Waiver*) et une assurance responsabilité civile pour tout dommage corporel aux tiers *(Liability Insurance Supplement, LIS)* à hauteur de 1M$.

La PAI *(Personal Accident Insurance)* fait souvent doublon si vous avez déjà une assurance santé-rapatriement.

- Vérifier les politiques du kilométrage (illimité ou non) et de carburant et si les taxes sont incluses.
- **GPS :** 10-20$/j. Ne fonctionne pas dans tous les parcs. Carte routière ou téléchargée conseillée.

PARKING EN VILLE

- Nombreuses restrictions et interdictions. Bien lire les panneaux, les horodateurs… et s'y conformer. Amendes.
- *Tow away* = enlèvement.
- Ne pas se garer devant une bouche d'incendie.
- À San Francisco, tourner ses roues dans une rue en pente.

ESSENCE

- Prix moins élevés qu'en France : 3,5 à 4,5$ le gallon (3,8 l) de *regular* (essence).
- Sans plomb = *unleaded*.
- Plus chère aux abords et dans les parcs nationaux.
- Faire le plein régulièrement (parfois de longues distances sans station-service).

ALCOOLÉMIE

- Tolérance zéro pour les moins de 21 ans. Limite fixée entre 0,50 g/l (UT) et 0,8 g/l (CA, NV, CO, WY, AZ) pour les conducteurs plus âgés.
- Dans certains États, interdiction d'avoir une bouteille d'alcool ouverte dans le véhicule (même vide).

LIMITATIONS DE VITESSE

- Différentes selon les États.
- 1mph (*mile per hour*) = 1,6km/h.
- **Ville** : 20-35 mph (32-55 km/h) ; **Route principale** : 55-60 mph (88-96 km/h) ; **Interstates** : 65-80 mph (105-130 km/h).
- Nombreux radars.

CODE DE LA ROUTE

- *Yield* = céder le passage.
- Feux tricolores placés après le carrefour ; s'arrêter avant !
- Possibilité de tourner à droite même si le feu est rouge (après vérification et sauf panneau *No turn on red*).
- Carrefour à 4 stops : redémarre en 1er celui qui s'est arrêté le 1er.
- Double trait jaune : on ne double pas !
- Interdiction de dépasser un bus scolaire feux clignotants.
- Respecter tout piéton qui s'engagerait pour traverser.

VOITURE AUTOMATIQUE

- P = Park (stationnement)
- R = Reverse (marche arrière)
- N = Neutral (point mort)
- D = Drive (pour conduire)
- 1 (ou Low) et 2 : manuel à très faible allure (si forte pente).
- Pour démarrer : position P avec pédale de frein enfoncée, puis enclencher D. Relâchez la pédale de frein, la voiture avance ; appuyez sur l'accélérateur. Attention, le pied droit commande les pédales de frein et d'accélérateur.

COMBIEN ÇA COÛTE ?

TAUX DE CHANGE

1$ = 0,95€
1€ = 1,05$
100$ = 95€ env.

• **Change :** les banques restent le meilleur endroit. Évitez les bureaux de change des aéroports et des offices de tourisme (commission élevée, taux défavorable).

ASTUCE

• **Perte ou vol de CB**. Ayez avec vous le **numéro d'opposition** de votre banque ; numéro national : ✆ 0892 705 705 (24h/24h) Notez séparément votre numéro de carte.

CARTES BANCAIRES

• Paiement par code PIN ou par empreinte de la carte avec signature (avoir sa pièce d'identité sur soi).

• Utilisable même pour de petits montants

• Très nombreux distributeurs (ATM ou *cash machine*) mais attention aux **frais** (commission bancaire et taxe locale).

• Avertissez votre banque de votre voyage pour demander d'augmenter le plafond de retrait et de paiement.

• Les cartes françaises sont, à grande majorité, des cartes de débit. Répondez en ce sens à la question fréquente *"Debit or credit ?"*.

TAXES ET POURBOIRE

• Les prix affichés sont **hors taxes** (varient selon les États). Ajouter 10-15% (hôtel), 5-10% (magasins – hors produits alimentaires, restos, loc. de voiture).

• **Pourboire**. Au restaurant, le service n'est pas inclus dans l'addition (hors fast food). Il faut absolument y ajouter 15-20% de *tip* (ou *gratuity*). Écrivez le montant estimé sur l'addition avant de régler par CB. Attention, en zone touristique, le pourboire peut déjà être compris dans la note (*"gratuity included"*). Pourboire attendu pour une bière (1$), taxi (10%)...

COÛT DE LA VIE

- **Entrée dans un parc national :** 20-35$.
- **Hébergement :** camping dans un parc : 20$/tente ; camping privé : 25-50$/2 pers ; hôtel : 90-200$; motel : 50-100$.
- **Plein d'essence** (*full tank*) **:** 45-55$ (voiture).
- **Repas** dans un *diner* **:** 15-20$/pers ; au restaurant env. 30-40$/pers.
- **Boissons :** soda 2$, bière pression 4$.
- **Location de voiture :** 225-450$/sem. (200-400€) pour une voiture de tourisme.
- **Activités** : rafting : env 80-150$/pers ; équitation : 50-90$/pers.

RÉDUCTIONS ET GRATUITÉ

Un séjour dans les parcs nationaux est un budget conséquent qui peut être optimisé en voyageant hors saison touristique, et/ou en réservant un maximum à l'avance. Mais aussi :

- **Pass America the Beautiful :** rentable à partir de 3 ou 4 National Parks visités (p.10 pour plus d'infos).
- **Entrée gratuite :** lors de certains jours fériés (Martin Luther King Day et Veterans Day, voir p.22) ainsi que le 1er jour de National Park Week (mi-avril), le 25 août pour National Park Service Birthday et pour le National Public Lands Day (4e samedi de septembre). **Les enfants de moins de 16 ans ne payent pas.**
- **Coupons de réduction :** dans les prospectus et magazines gratuits disponibles dans les supermarchés, les stations-service et les Visitor Centers. Rabais sur l'hébergement, les restaurants, gratuité pour les enfants...
- **Café à volonté** dans de nombreux hébergements : penser à son Thermos pour la route !

AU QUOTIDIEN

MINEURS

• **21 ans :** âge légal pour jouer dans un casino, consommer de l'alcool, acheter des cigarettes (Arizona, Californie, Colorado, Utah) ou louer une voiture.

• Pièce d'identité *(ID)* obligatoire.

Antelope Canyon

TABAC & ALCOOL

• Interdiction de fumer dans les lieux publics fermés (exception au Nevada dans les bars, casinos et certains hôtels).

• Alcool : interdiction d'en boire dans la rue. Législation différente selon les États.

MESURES

• **Longueur**

1 mile = 1,6km

• **Poids**

1 pound (livre ou lb) = 450g

1 ounce (1 oz) = 28g env.

[Un paquet de céréales de 12,5oz équivaut à 350g]

• **Capacités**

1 *gallon* = 3,8 l

SURNOMS

Arizona (AZ) :
"The Grand Canyon State".

Californie (CA) :
"The Golden State".

Colorado (CO) :
"The Centennial State".

Nevada (NV) :
"The Silver State".

Utah (UT) :
"The Beehive State".

Wyoming (WY) :
"The Equality State".

ÉLECTRICITÉ

• Courant alternatif 110V. Les fiches sont à 2 broches plates.

• **Adaptateur** *(electric adapter)* nécessaire pour vos appareils électroniques.

TÉLÉPHONE

Aux États-Unis, les numéros de téléphone (à 7 chiffres) sont précédés d'un indicatif régional (*area code* ; 3 chiffres).

Pour appeler les États-Unis depuis la France
✆ **001** puis indicatif régional à 3 chiffres, puis numéro à 7 chiffres.
Exemple : ✆ 00 1 435 213 2222

Pour appeler la France depuis les États-Unis
✆ **011 33** puis numéro dans le 0 initial.
Exemple : ✆ 011 33 1 43 92 19 76

Pour appeler en local depuis les États-Unis
✆ **1** puis indicatif régional à 3 chiffres puis numéro à 7 chiffres.
Exemple : ✆ 1 435 213 2222

NUMÉROS GRATUITS

Toll-free numbers

Les numéros commençant par 800 ou 1-800 sont des numéros gratuits. On peut les appeler depuis la France (remplacer 800 ou 1-800 par 880 ou 881).

TÉLÉPHONE PORTABLE

Optez pour un pack voyageur de votre opérateur ou achetez une carte SIM prépayée sur place (téléphone débloqué).

INTERNET

- Pour ne pas payer de frais, désactivez la connexion "Données à l'étranger".
- Naviguez et téléphonez gratuitement via WhatsApp, Messenger, Skype (à télécharger avant le départ) en privilégiant les connexions wifi (souvent gratuits dans les hôtels, cafés, campings, Visitor Centers, parcs publics...).
- Mieux vaut ne fréquenter que les sites publics sécurisés (adresse " https:// ").

FÊTES ET JOURS FÉRIÉS

1er janvier	New Year's Day (Nouvel An)
3e lundi de janvier	Martin Luther King Day
3e lundi de février	Presidents Day
Mars ou avril	Easter (Pâques)
Dernier lundi de mai	Memorial Day (hommage à tous les morts au combat)
4 juillet	Independence Day (fête nationale)
1er lundi de septembre	Labor Day (fête du Travail)
2e lundi d'octobre	Columbus Day (découverte de l'Amérique)
Nuit du 31 octobre au 1er novembre	Halloween
11 novembre	Veterans Day (journée des anciens combattants)
4e jeudi de novembre	Thanksgiving
25 décembre	Christmas Day (Noël)

Jours de fermeture : lors des jours fériés nationaux, administrations, écoles et banques sont fermées. Certains musées et parcs nationaux ou d'État sont fermés ou adoptent des horaires réduits. Le dimanche est généralement ouvré.

Grand Canyon

SANTÉ ET SÉCURITÉ

ASSURANCE-SANTÉ

Les frais médicaux (consultation, urgences, hospitalisation) étant très élevés, il est vivement conseillé de souscrire une assurance voyage intégrale avec assistance rapatriement. Se renseigner en amont auprès de sa banque, assureur et mutuelle, certaines cartes bancaires et contrats peuvent faire bénéficier d'une couverture intéressante (même si souvent insuffisantes).

URGENCES
(Emergency)

911 (police, pompiers)

PRÉCAUTIONS DE SÉCURITÉ

- Aucun **vaccin** spécifique exigé mais être à jour des vaccinations universelles. Vaccin antirabique conseillé pour les séjours en zone rurale. Éviter tout contact avec des animaux domestiques ou sauvages (écureuils...). Il est interdit de nourrir ces derniers.
- La **maladie de Lyme** (*Lyme disease*) est transmise par les tiques. Avant toute rando en forêt, sous-bois ou prairie de hautes herbes, appliquer un répulsif anti-tique (*tick repellent*) et bien se couvrir. De retour de balade, s'examiner de la tête aux pieds, notamment les plis du corps. Retirer la tique avec un tire-tique adapté. En cas de tache rouge, consulter. Prévoir également un produit efficace contre les **moustiques**.
- Ne retournez pas les pierres : présence possible de **serpents** à sonnette (*rattlesnakes*).
- **Ours**. Nombreux dans certains parcs (Yosemite, Yellowstone). Conseils auprès des Visitor Centers et des rangers ; notamment : conserver la nourriture dans des boîtes hermétiques (*bear can*) en dehors de la tente ou du RV. Lors de randonnées hors des sentiers balisés, signaler sa présence en parlant fort.
- Se renseigner sur la **météo**. Orages violents et crues subites (*flash floods*) : quitter le canyon le plus vite possible.
- Bien **s'équiper avant de partir randonner** : chaussures adaptées, chapeau et coupe-vent, réserve d'eau (risque d'insolation et de déshydratation). En voiture, faites le plein d'essence régulièrement (les stations-service peuvent être éloignées).

ICÔNES DE L'OUEST

Golden Gate Bridge, indissociable de San Francisco (p.60).

Les films western, le grand Ouest sur grand écran.

Diner
Le resto mythique des bords de routes (p.39).

Panneau au sud du Strip de Las Vegas, à l'entrée de la cité du jeu (p.90).

Route 66
Légendaire, entre Kingman et Seligman (p.104).

Grand Canyon, profond de 1800m, long de 445km et large de 30km (p.106).

Indiens navajos
Une des grandes tribus amérindiennes (p.34).

El Capitan, l'un des plus grands monolithes du monde (p.73).

Villes fantômes
ou *ghost towns*, fascinants vestiges (p.78).

Buffalo Bill
personnage controversé du Far West (p.206).

Ranger
LE gardien des parcs nationaux.

Old Faithful Geyser
Yellowstone National Park (p.202).

UNE NATURE SPECTACULAIRE

SIERRA NEVADA ET ROCKY MOUNTAINS (LES ROCHEUSES)

Ces deux chaînes montagneuses sont nées de la rencontre entre les plaques pacifique et américaine il y a 60 millions d'années. La Sierra Nevada, à l'est de la Californie, culmine au mont Whitney (4 421m). Elle abrite le **parc national du Yosemite** (p.68) et fait barrière à la **Death Valley**, au sud-est (p.80). Les Rocheuses (*Rockies*) s'étendent sur 4 800km, du Canada au Nouveau-Mexique. Formée de plusieurs massifs plus ou moins parallèles, la chaîne compte près de 50 sommets de plus de 4 000m dans le seul Colorado, notamment dans le **parc national de Rocky Mountain** (p.208).

GREAT BASIN

Entre la Sierra Nevada et le plateau du Colorado, c'est une immense étendue désertique formée de cuvettes comme le **Grand Lac Salé** (p.186) et la **Vallée de la Mort** (Death Valley, p.80), dont l'altitude descend à 86m en dessous du niveau de la mer au **bassin de Badwater** (p.85).

LE PLATEAU DU COLORADO

À cheval sur l'Arizona, l'Utah, le Colorado et le Nouveau-Mexique, cette zone, grande comme la moitié de la France, est drainée par le fleuve Colorado et ses affluents. Culminant à plus de 1500m, ce plateau est le résultat d'un soulèvement il y a 17 millions d'années. Depuis, les rivières, le vent et la pluie l'ont entaillés de profonds canyons, mettant à jour des couches géologiques de grès de tous les tons. Le plus extraordinaire étant le **Grand Canyon** (p.106).

DE L'ARCHE AUX *NEEDLES*

Arches, cheminées de fées *(hoodoos)*, aiguilles *(needles)*, ces spectaculaires formations rocheuses de grès et de calcaire sont le résultat du lent travail de la pluie. Les eaux pénètrent les fissures de la roche et gèlent, exerçant une pression à l'origine des failles qui peu à peu s'élargissent en fenêtres, puis en arches. Lorsque le pont s'effondre naissent les *hoodoos* et les aiguilles. La teinte rouge provient des oxydes de fer ; et la blanche, du magnésium.

Grand Canyon
creusé par le fleuve Colorado et ses affluents (p.106).
Promenade au bord ou randonnées au fond.

Delicate Arch, parmi les 2 000 arches du Arches National Park (p.164).

Needles, les curieuses aiguilles du Canyonlands National Park (p.168).

Geysers, sources chaudes, marmites bouillantes
Yellowstone repose sur un ancien cratère volcanique toujours actif (p.198).

LES PLUS BELLES ROUTES PANORAMIQUES

Tioga Road
Route 120 dans le parc national de Yosemite.

Artist's Drive
Toute la palette des couleurs de Death Valley.

Mount Carmel Highway
Traverse le Zion NP.

Valley Drive
Boucle au pied des buttes mythiques de l'Ouest.

Upper Colorado River Scenic Byway
Lacets au fil du Colorado.

Logan Canyon Scenic Byway
En route vers Bear Lake.

CANADA
WASHINGTON
MONTANA
OREGON
IDAHO
Yellowstone NP
Grand Teton NP
WYOMING
p.188
Logan Canyon Scenic Byway
Salt Lake City
Rocky Mountain NP
Denver
NEVADA
Upper Colorado River Scenic Byway
p.156
COLORADO
Arches NP
Moab
Yosemite NP
p.78
Tioga Road
San Francisco
Capitol Reef NP
Mount Carmel Highway
p.134
UTAH
Canyonlands NP
p.120
Valley Drive
Zion NP
Death Valley NP
p.84
Las Vegas
Artist's Drive
Monument Valley TP
Grand Canyon NP
CALIFORNIE
NOUVEAU-MEXIQUE
Los Angeles
ARIZONA
OCÉAN PACIFIQUE
0
200 km
0
100
200 miles
MEXIQUE

LES MEILLEURES ACTIVITÉS DE PLEIN AIR

Randonnée pédestre

Les parcs nationaux sont une terre d'aventure pour tous les amateurs de randonnée. Dans le parc de Zion, l'un des plus beaux sentiers mène à **Angels Landing** (p.141).

Rafting

La descente des rapides du **Colorado** en équipe à bord d'un radeau pneumatique est un moment fort du voyage dans l'Ouest (p.160).

Canyoning

La randonnée pédestre en eaux vives au fond d'étroits canyons est une fabuleuse aventure, mais ne s'improvise pas. Les **Narrows** de Zion sont les plus mythiques (p.142).

Observer les étoiles

Préservés de la pollution lumineuse urbaine, le ciel de **Death Valley** (p.84) offre les plus belles séances d'observation d'étoiles. La Voie lactée comme vous ne l'avez jamais vue.

Sports d'hiver

En raquettes, en ski de fond ou alpin, partez explorer les espaces sauvages des parcs de **Yosemite, Grand Teton, Yellowstone** ou **Rocky Mountain.**

Équitation

Échappée nature à cheval, à dos de mule ou de *burros* (ânes) au fond du **Grand Canyon,** au pied des séquoias géants de **Yosemite** ou des *hoodoos* de **Bryce Canyon.**

LA VIE SAUVAGE

Ours
(black bear)

Les forêts de l'Ouest sont peuplées d'ours noirs (Yosemite, Grand Teton) et de puissants grizzlys (Yellowstone). Pas de panique, suivre les conseils des rangers.

Loup gris
(gray wolf)

Environ 80 loups gris vivent dans le parc national de Yellowstone, où ils ont été réintroduits avec succès au milieu des années 1990.

Bison
(American buffalo)

Avec son front bombé aux courtes cornes et son épais collier de fourrure, le bison parcourt les prairies de Yellowstone, Grand Teton et Antelope Island.

Wapiti
(elk)

Ce grand cerf au pelage brun rougeâtre vit dans les forêts de Yosemite, Grand Teton et Yellowstone.

Serpent à sonnette
(rattlesnake)

Le grand crotale, au puissant venin, vit dans les déserts du Sud (Death Valley). Avec sa queue dotée de segments cornés, on l'entend bien avant de le voir !

Pygargue à tête blanche *(bald eagle)*

Appelé "aigle chauve", l'emblème des États-Unis depuis le 18e s vit près des lacs et des rivières (Yellowstone), où il pêche, mais aussi en zone aride (Grand Canyon).

LES PLUS BEAUX POINTS DE VUE

Glacier Point
Sur la vallée de Yosemite dominée par Half Dome.

Dante's View
Vue plongeante sur Death Valley.

Desert View Watchtower
À l'est de Grand Canyon.

Horseshoe Bend
Le plus célèbre méandre du Colorado.

Sunset Point
Sur les cheminées de fées de Bryce Canyon.

Dead Horse Point
Sur les canyons creusés par le Colorado.

CANADA
WASHINGTON
MONTANA
OREGON
IDAHO
Yellowstone NP
Grand Teton NP
WYOMING
Salt Lake City
Rocky Mountain NP
Denver
UTAH
NEVADA
Dead Horse Point
p.168
COLORADO
Yosemite NP
p.72
Glacier Point
San Francisco
Capitol Reef NP
Arches NP
Moab
Bryce Canyon NP
Sunset Point
p.130
Canyonlands NP
Zion NP
p.122
Monument Valley TP
Death Valley NP
p.85
Dante's View
Las Vegas
Horseshoe Bend
p.111
Grand Canyon NP
Desert View Watchtower
CALIFORNIE
Los Angeles
NOUVEAU-MEXIQUE
ARIZONA
OCÉAN PACIFIQUE
0
200 km
0
100
200 miles
MEXIQUE

LES AMÉRINDIENS

ÊTRE AMÉRINDIEN AUJOURD'HUI

Avant l'arrivée des colons, on estime les autochtones entre 2... et 18 millions. Privés de leurs terres par les Européens, exterminés par les maladies ou l'exil forcé (*Trail of Tears*)... les guerres indiennes ont jalonné l'histoire des États-Unis. Il faut attendre les protestations des années 1960 et de nombreux textes pour que les Indiens obtiennent plus de droits et une certaine autonomie vis-à-vis du gouvernement fédéral. Il existe plus de 300 réserves qui sont aujourd'hui des territoires appartenant aux tribus (près de 570 tribus recensées). Tourisme, casino, artisanat sont au cœur de l'économie amérindienne.

LES TRIBUS AMÉRINDIENNES DE L'OUEST

Les tribus navajo, hopi, anasazi et apache sont les plus connues ; certaines sont encore très présentes. La tribu navajo gère ainsi les ***Navajo Tribal Parks*** sur leur territoire, la Navajo Nation. Le **Navajo National Monument** est quant à lui un vestige de la culture des Anasazis (p.114). En Utah, on pourra voir des **pétroglyphes** de 2 000 ans (p.120 et p.168). Sur les territoires indiens, il s'agit de respecter leurs règles. Peu d'échanges réels cependant ; les Indiens seront vos guides lors d'éventuelles excursions et achat de bijoux. Possibilité d'assister à des cérémonies authentiques, mais touristiques.

SCÈNES DE FILMS MYTHIQUES

Canyonlands
127 Hours, Danny Boyle (p.166).

Golden Gate Bridge
Vertigo, Alfred Hitchcock (p.60).

Grand Teton
Django Unchained, Quentin Tarantino (p.190).

Dead Horse Point
Thelma et Louise, Ridley Scott (p.168).

Monument Valley
Forrest Gump, Robert Zemeckis (p.116).

Route 66
Easy Rider, Dennis Hopper (p.104).

LA CONQUÊTE DE L'OUEST

40 000-10 000 av. JC | **Premières migrations**

Passage de populations d'origine asiatique via le détroit de Béring. Pétroglyphes et villages troglodytiques attestent de leur ancienneté.

15e-18^{e} | **Période de colonisation**

1492 : Christophe Colomb "découvre" l'Amérique. Implantations espagnoles. Les Pères Pélerins, débarquent du *Mayflower* en 1620. Début de la colonisation du territoire.

1776 | **Déclaration d'indépendance**

Les États-Unis d'Amérique couvrent un petit territoire de 13 États à l'Est du continent. Naissance de l'idée de *"Frontier"*, ou l'expansion à l'Ouest (expéditions, conquêtes...).

1803-1848 | **Débuts de la conquête : agrandissement du territoire et expéditions**

Le territoire des États-Unis s'étend vers l'ouest lorsque Jefferson achète la Louisiane à la France en 1803. Un an après, il missionne la première expédition américaine vers le Pacifique : Lewis et Clark relient Saint-Louis (Missouri) à la côte ouest. En 1848, le Mexique cède le Texas, l'Utah, la Californie, l'Arizona, le Nevada et le Nouveau-Mexique aux États-Unis.

1845 | **Arrivée des mormons dans l'Utah**

Exode des mormons vers l'Ouest en raison de persécutions. Ils s'installent dans la région désertique du Grand Lac Salé et fondent Salt Lake City.

1848 | **Début de la ruée vers l'or**

Suite à la découverte d'une grande quantité d'or en Californie, plus de 100 000 colons prennent le chemin de l'Ouest. Essor de San Francisco, alors simple village.

1860-61 | **Apogée du Pony Express**

Ce service de messagers à cheval favorise le désenclavement de l'Ouest. Trajet Missouri-Californie en 10 j. Le développement du télégraphe met fin à cet exploit.

1862 | **Signature du Homestead Act**

Loi allouant 65 ha de terre aux familles qui s'engagent à y vivre et à la cultiver. Nouvelles pistes vers l'Ouest tracées par les chariots des pionniers.

1869 | **Inauguration du Transcontinental**

Inauguration de la première ligne de chemin de fer traversant les États-Unis d'est en ouest. Le "cheval de fer", comme l'appellent les Amérindiens, accélère leur déclin.

1872 | **Création du 1er parc national**

Le Président Grant signe un décret faisant de Yellowstone le premier parc national. Ses geysers et bassins d'acides colorés émerveillent.

1890 | **Fin de la conquête de l'Ouest**

Le massacre de 200 Sioux à Wounded Knee marque la fin des guerres indiennes. Les États-Unis s'étendent désormais jusqu'au Pacifique : l'idée de frontière s'estompe.

SPÉCIALITÉS CULINAIRES INCONTOURNABLES

Dungeness crab, sur la côte californienne : saveur délicate et iodée.

T-bone steak, double entrecôte grillée au barbecue.

Mac & cheese, macaronis gratinés avec une sauce au cheddar.

Burger, le plat national. Qu'il soit en version fast-food ou gastronomique, il comprend *bunnies* (petits pains ronds), steak haché (jusqu'à 3/4 de livre !), fromage fondu, laitue, oignons, tomates et pickles. Servi invariablement avec des frites.

Nachos, tacos, fajitas, les classiques mexicains version US.

Apple pie, tarte ou tourte épaisse, aux pommes légèrement épicées.

Pancakes, crêpes épaisses arrosées de sirop d'érable.

LE *DINER*, SYMBOLE AMÉRICAIN

L'ORIGINE DU *DINER*

Apparus dans les années 1870 pour que les employés puissent manger au chaud, rapidement et à petit prix, les *diners* sont tout d'abord des chariots puis des wagons qui se sédentarisent. Urbain ou sur le bord des routes, c'est le symbole de l'American way of life !

LE CONCEPT

Des banquettes face à face, un long bar avec tabourets, des couleurs flashy, une déco à damiers et un look vintage intemporel ! On y sert les classiques de la cuisine américaine : burgers, frites (*french fries*), sandwichs *clubhouse*, *meatloaf* (pain de viande), hot dogs et de sérieux *American breakfasts* (œufs, bacon, *baked beans*, *hash browns* - galettes de pommes de terre frites…). Bref, une *comfort food* roborative et bon marché à faire passer avec des litres de café très, très allongé servi à volonté ou un milk-shake maison.

MODE D'EMPLOI

Les *diners* ouvrent tôt (7h) et ferment tard (minuit) tous les jours de la semaine. Certains, situés près d'autoroutes, restent ouverts 24h/24.Le *diner* a beau être un lieu décontracté, on attend d'être placé. Au bar, le service est direct.

SIMPLISSIME
LES GUIDES DE VOYAGE

On aime bien savoir comment nos guides
Simplissime voyagent avec vous !

Ce guide vous a été utile avant le départ,
sur place avant de partir en visite
ou de choisir un resto ?

Scannez ce QR code pour partager vos
commentaires sur le guide

VISITER L'OUEST AMÉRICAIN SES PARCS NATIONAUX

Rocky Mountain National Park

SAN FRANCISCO — YOSEMITE — DEATH VALLEY — LAS VEGAS — GRAND CANYON — MONUMENT VALLEY — BRYCE CANYON — ZION — LAS VEGAS

SAN FRANCISCO ET LES PARCS STARS DE L'OUEST

Le temps de trajet entre chaque étape est indiqué à chaque fois. Il est parfois d'1 journée de route ! À prendre en compte dans l'organisation de votre itinéraire pour trouver votre rythme.

> 2 à 3 semaines de voyage

1 San Francisco

Collines, fooding et océan
2-3 jours

2 Yosemite

Le parc national par excellence
2-3 jours

3 Death Valley

Sous le soleil exactement
1 jour

4 Las Vegas

Capitale de la démesure
1-2 jours

5 Grand Canyon

Une des nouvelles merveilles du monde
1-2 jours

6 Monument Valley

Décor de western et Indiens navajos
1-2 jours

7 Bryce Canyon

Forêt de pierre
1-2 jours

8 Zion

Oasis dans le désert
1-2 jours

SAN FRANCISCO

REJOINDRE LE CENTRE-VILLE DEPUIS L'AÉROPORT

San Francisco International Airport: à 20km S du centre via US 101.
• **En train :** le **BART** (ligne jaune ; tlj, horaires variables) rejoint le centre en 30min. Départ : niveau 3 du terminal international. Arrêt : 16th Mission, Civic Center ou Power St. 10$ aller env.
• **En taxi :** 50-55$ (+10% de pourboire).

RÉSERVATIONS

Hébergement : résa conseillée le plus longtemps possible à l'avance. Tarifs plus chers le week-end, en juillet-août et lors de grands événements.
Visiter Alcatraz : résa au moins 3 mois à l'avance en été, plusieurs jours avant le reste de l'année, sur cityexperiences.com

TRANSPORTS EN COMMUN

Gérés par le MUNI : sfmta.com
***Muni Pass*:** pour tous les transports intra-muros (hors BART). Tarifs : au Visitor Information Center, 1 j. (24$), 3 j. (36$) ou 7 j. (47$) + 3$ pour la carte *(Clipper)* ; via l'appli MuniMobile, 1 j. (23$), 3 j. (31$) ou 7 j. (41$).
• ***Cable cars*:** le célèbre tramway à traction par câble. Utile pour aller à Chinatown, Nob Hill et Fisherman's Wharf depuis Market St... mais attendez-vous à du monde ! Accès : *Muni Pass, MuniMobile* ou billet à bord (8$).
• ***Streetcars* (tramway) :** le tramway historique. Ligne F pour Fisherman's Wharf et Embarcadero depuis Castro et Market St. Accès : *MuniMobile* ou *Clipper* (2,50$) ; à bord ou sur les machines (3$).
• **Métro léger (*Light Rail*) :** lignes J, K, L, M et N pour rallier les quartiers de Mission, Golden Gate Park et l'Ouest.
• **BART :** 5 lignes desservant toute la région.

ADRESSES UTILES

• **Visitor Information Center :** 749 Howard St, dans le Moscone Center, ✆ 415 391 2000, sftravel.com, tlj 8h-13h. City Pass et Muni Pass en vente ici et pas dans les autres Visitor Centers.

VISITER

• Nous avons découpé San Francisco en **3 quartiers : Le Centre, Soma et Mission District** et **Golden Gate Bridge et l'Ouest.**
• Vous aurez un bon aperçu de la ville en 2 j.
• Il faut environ 30min à pied pour aller de Fisherman's Wharf à Chinatown.

Le Centre
Alcatraz
Golden Gate Bridge et l'Ouest
Golden Gate Bridge
Baie de San Francisco
Pier 39
FISHERMAN'S WHARF
Golden Gate Promenade
Palace of Fine Arts
OCÉAN PACIFIQUE
NORTH BEACH
TELEGRAPH HILL
MARINA
Baker Beach
Presidio
RUSSIAN HILL
PACIFIC HEIGHTS
FINANCIAL DISTRICT
China Beach
CHINATOWN
PRESIDIO HEIGHTS
Lincoln Park
DOWNTOWN
SF MOMA
Legion of Honor Museum
University of S.F.
WESTERN ADDITION
CIVIC CENTER
SOMA
Cliff House
RICHMOND
HAYES VALLEY
LOWER HAIGHT
Golden Gate Park
Park Stadium
HAIGHT-ASHBURY
Buena Vista Park
Kezar Stadium
Mission Dolores
CASTRO
SUNSET
Twin Peaks
MISSION DISTRICT
NOE VALLEY
Soma et Mission District
Mt Davidson
San Francisco Zoo
S.F. State University
Harding Park
Lake Merced
John Mc Laren Park
2 km

SAN FRANCISCO LE CENTRE

Des quais toujours animés, des rangées de maisons victoriennes colorées, des *cable cars* grimpant des collines pentues : le centre de San Francisco est une vraie carte postale !

VISITES

- A Downtown
- B Financial District
- C Chinatown
- D North Beach et Telegraph Hill
- E Fisherman's Wharf
- F Russian Hill et Nob Hill
- G San Francisco Bay et Alcatraz

RESTOS

1. Tommy's Joynt
2. Boudin Bakery
3. Crab House at Pier 39
4. Tony's Pizza Napoletana
5. Wing Sing Dim Sum

BARS ET SORTIES

6. Amelie Wine Bar
7. Bimbo's 365 Club
8. Comstock Saloon
9. Black Cat
10. Charmaine's

Une rue typique du centre historique

Alcatraz
Pier 39
Pier 45
Hyde Street Pier
Musée Mécanique
an Francisco Maritime National istoric Park
The Cannery
FISHERMAN'S WHARF
San Francisco Bay
NORTH BEACH
Coit Tower
Filbert Steps
TELEGRAPH HILL
Washington Square
RUSSIAN HILL
Macondray Lane
Cable Car Museum
NOB HILL
Transamerica Pyramid
FINANCIAL DISTRICT
Hyatt
Ferry Building Market Place
Wells Fargo History Museum
CHINATOWN
Tien Hau Temple
Grace Cathedral
Mark Hopkins Hotel
Dragon's Gate
Union Square
DOWNTOWN
Glide Memorial Church
Jewish Museum
SF MOMA
SOMA
Center for the Arts
Cable Car
Powell
Montgomery
Embarcadero
TENDERLOIN
Old Mint
CIVIC CENTER
City Hall
Civic Center
500 m
Cable cars
Powell-Hyde
Powell-Mason
California Street

SAN FRANCISCO LE CENTRE VISITES

Cable car dans Powell Street

A DOWNTOWN

Place centrale de San Francisco, **Union Square**, qui a vu les partisans de l'Union manifester en masse avant la guerre de Sécession, est courue pour ses grands magasins (Macy's, Saks Fifth Avenue), ses théâtres et ses restos chics. Faites un tour sur **Powell Street**, qui longe Union Square, empruntée par le ***cable car***: sa plateforme tournante lui permet de repartir dans l'autre sens!

B FINANCIAL DISTRICT

Le cœur financier de la ville s'épanouit au bord de la baie, autour de la **Transamerica Pyramid** (1972), une tour de 260m à la forme pyramidale emblématique. Visitez le **Wells Fargo History Museum,** dédié au plus célèbre transporteur d'or et de passagers de la conquête de l'Ouest: on y apprend tout de son aventure et on y voit diligences, pépites d'or, photos et documents. Le **Ferry Building Marketplace,** l'ancien embarcadère de ferrys, a été reconverti en galerie commerciale dotée de nombreuses et excellentes boutiques de bouche.

| ***Transamerica Pyramid :*** *600 Montgomery St | Entrée dans le hall seulement | F. sam-dim | Gratuit.*

| ***Wells Fargo History Museum :*** *420 Montgomery St | wellsfargohistory.com | F. sam-dim | Gratuit.*

Vue aérienne de Downtown

C CHINATOWN

Plus grand que celui de New York, le quartier chinois de San Francisco abrite la plus importante communauté chinoise hors d'Asie. C'est un quartier très vivant, avec de nombreux hébergements et restos à bon prix. On y entre par **Dragon's Gate** (Bush St) avant de parcourir **Grant Ave**, bordée de bazars colorés et de pagodes. **Stockton St** est très typique avec ses étals de légumes et d'épices. Le **temple Tien Hau** (125 Waverly Pl), décoré de lanternes, est le plus ancien lieu de culte chinois du pays. Pour un petit souvenir gourmand, direction la **Golden Gate Fortune Cookie Factory** (56 Ross Alley), où l'on pourra acheter les traditionnels biscuits chinois dans lesquels sont inserées des prédictions sur de petits morceaux de papier.

Décorations chinoises du Nouvel An

D NORTH BEACH ET TELEGRAPH HILL

Repaire de la Beat Generation, Le vieux quartier italien de **North Beach** distille une certaine douceur de vivre. Ne manquez pas sa librairie mythique, le **City Lights Bookstore**. Juste au nord, on trouve **Telegraph Hill** : avec la **Coit Tower** plantée à son sommet tel un sémaphore, difficile de manquer cette colline boisée dominant la baie. On y grimpe en bus (n°39) pour jouir de la vue du sommet de la tour et admirer ses *murals* avant de redescendre par le chemin le plus romantique, les **Filbert Steps**, une suite de longs escaliers dans un cadre de verdure.

| ***City Lights Bookstore*** *: 261 Columbus Ave* | *citylights.com*

| ***Coit Tower*** *: 1 Telegraph Hill Blvd* | *sfrecpark.org* | *Payant.*

SAN FRANCISCO LE CENTRE VISITES

Otaries sur le Pier 39 de Fisherman's Wharf

E FISHERMAN'S WHARF

Maritime Museum : *Jefferson et Hyde St | nps.gov/safr | Gratuit.* ***Bateaux historiques :*** *Hyde Street Pier | Accès ponton gratuit, entrée bateaux payante.* ***Musée mécanique :*** *Pier 45 | museemecanique.com | Jeux payants*

Bien que cet ancien quartier de marins soit devenu très touristique, les bateaux de pêche sont encore nombreux chaque matin à quitter le port. La pêche, on la retrouve dans les assiettes des nombreux **restos** de fruits de mer des quais, notamment le délicieux crabe de Dungeness, une spécialité de la ville. Avec son look de village de pêcheurs Disney, ses restos, ses boutiques de gadgets et ses manèges à gogo, le **Pier 39** fleure bon la fête foraine. Allez-y pour le spectacle de ses otaries, installées par centaines sur les pontons pour de longues séances de bronzage ! Les amateurs de voyage au long cours se retrouvent au **Maritime National Historical Park**, qui regroupe un musée et des bateaux à quai : dans un bâtiment Art déco, le **Maritime Museum** retrace le rapport de la ville à la mer (colons, guerre, pêche…) ; puis on file ensuite sur Hyde Street Pier pour découvrir la plus grande collection de **bateaux historiques** du pays, avec le trois-mâts *Balclutha* (1886), habitué du cap Horn, le ferry *Eureka*, un transbordeur à aubes (1890, pas de visite jusqu'à nouvel ordre), et la goélette *Alma* (1891). Autre vedette du quartier, l'étonnant **Musée mécanique** : plus de 200 appareils de fête foraine fonctionnant toujours avec des pièces. Une expérience amusante.

F RUSSIAN HILL ET NOB HILL

Ces deux quartiers concentrent les collines les plus pentues de la ville, à l'image de la mythique portion de **Lombard St**, entre Hyde St et Leavenworth St et ses virages en lacets ! Entre Leavenworth et Jones St, **Green St** aligne de belles demeures du 19e s et du début du 20e s, notamment, au 1067, la Feusier Octagon House. Au **Cable Car Museum**, l'attraction de Nob Hill, on apprend tout sur l'histoire des *cable cars*, avant de pénétrer dans la salle des machines qui entraîne encore aujourd'hui les câbles auxquels s'accrochent les célèbres tramways.

*| **Cable Car Museum** : 1201 Mason St | cablecarmuseum.org | Gratuit.*

G SAN FRANCISCO BAY ET ALCATRAZ

Prenez le large à bord d'un ferry pour découvrir San Francisco et sa **baie**. La balade de 1h vous mènera près de l'île d'Alcatraz et du Golden Gate Bridge, où vous verrez peut-être phoques et dauphins. L'autre option, c'est de filer directement à **Alcatraz** : fort de l'armée, prison militaire puis pénitencier fédéral de 1934 à 1971, la "prison dont on ne s'échappe pas" ouvre désormais aux visiteurs les cellules de ses célèbres pensionnaires – Al Capone, Robert Stroud et les frères Anglin (parmi les seuls qui auraient réussi à s'évader).

*| **Baie de San Francisco** : départ Pier 39 | blueandgoldfleet.com | Payant.*
*| **Alcatraz** : départ Pier 33 | alcatrazcitycruises.com | Payant | Résa longtemps à l'avance.*

Prison d'Alcatraz

SAN FRANCISCO LE CENTRE RESTOS

1 TOMMY'S JOYNT
1101 Geary Blvd

"Cette cafèt' d'inspiration allemande (*Hofbrau*) ouverte en 1947, est une institution de la ville. Viandes extra à prix plancher."

| Dim-mer 12h-19h, jeu-sam 12h-minuit | Meatballs & spaghettis 13$; plateau diner 13-19$.

Tommy's Joint

2 BOUDIN BAKERY
4 Embarcadero Center, Herman Plaza

- Grande boulangerie à la déco tout en bois.
- Spécialité de soupe de clams (palourdes) servie dans une boule de pain.

| Lun-ven 8h-14h30
| Clam chowder 9$.

3 CRAB HOUSE AT PIER 39
Pier 39

- Poissons et fruits de mer dans un décor élégant.
- L'adresse pour goûter au célèbre crabe de Dungeness rôti dans une sauce à l'ail.

| Dim-jeu 11h30-21, ven-sam 11h30-22h | Crabe entier 59$.

4 TONY'S PIZZA NAPOLETANA
1570 Stockton St

- 13 fois champion du monde de la meilleure pizza !
- Pizzas californiennes, romaines, napolitaines, siciliennes, new-yorkaises...

| Lun 12h-22h, mer-dim 12h-23h | Pizzas 16-48$, Margherita 25$, Regina 2pers 40$.

Crab House at Pier 39

5 WING SING DIM SUM
1125 Stockton St

- Petit resto chinois authentique et bon marché.
- Délicieux dim sum, noodles, tofu, riz et 2 garnitures au choix : 7,50$.

| Tlj 7h-18h
| Dim sum (3 pièces) 3,50$.

SAN FRANCISCO LE CENTRE BARS, SORTIES

San Francisco Ferry Building

6 AMELIE WINE BAR
1754 Polk St

- Belle sélection de vins français et californiens dans ce bar d'habitués de Nob Hill.
- Musique live (sam 16h-21h).

| Lun-jeu 16h-23h, ven-dim 14h-23h | Happy hour 17h-19h | Bouteille dès 35$, verre 10-18$.

7 BIMBO'S 365 CLUB
1025 Columbus Ave

- Ambiance chic et glam' pour ce cabaret-salle de spectacles et night-club fondé en 1930 par le célèbre Mr Bimbo !

| Spectacles et concerts 20-75$ | Achat sur bimbos365club.com ou le soir sur place (en espèces).

8 COMSTOCK SALOON
155 Columbus Ave

"En lisière de Chinatown, concerts quasi quotidiens dans ce saloon cosy qui a pris le relais de la San Francisco Brewing Company (1907)."

| Mar-jeu et sam 16h-minuit, ven 12h-minuit | Cocktails 12-16$; bières 6,50$.

9 BLACK CAT
400 Eddy St

- Un speakeasy glamour et chic.
- Pour siroter des cocktails très créatifs en écoutant du jazz live tous les soirs.

| Mer-jeu et dim 18h30-minuit, ven-sam 18h30-1h30 | Cocktails 15$ | Concerts 10-30$.

10 CHARMAINE'S
1100 Market St (entrée 45 McAllister St)

- LE rooftop bar et lounge incontournable de San Francisco !
- Cocktails sophistiqués et vues mémorables sur la ville.

| Lun-jeu 17h-23h, ven 17h-minuit, sam 16h-minuit, dim 16h-23h | Cocktails 17-20$.

SAN FRANCISCO
SOMA ET MISSION DISTRICT

Du musée d'Art moderne à la Mission Dolores fondée par les moines espagnols au 18e s, sans oublier les couleurs des fresques de Mission District ou des façades des Painted Ladies… Balade arty et historique !

VISITES

- **A** San Francisco Museum of Modern Art (SFMoMA)
- **B** Mission Dolores
- **C** Fresques de Mission District
- **D** Painted Ladies

RESTOS, BARS ET SORTIES

1. Mission Chinese Food
2. 20 Spot
3. La Taquería
4. Tartine Bakery
5. The Monk's Kettle
6. The Fillmore
7. Boom Boom Room

Hôtel El Capitan

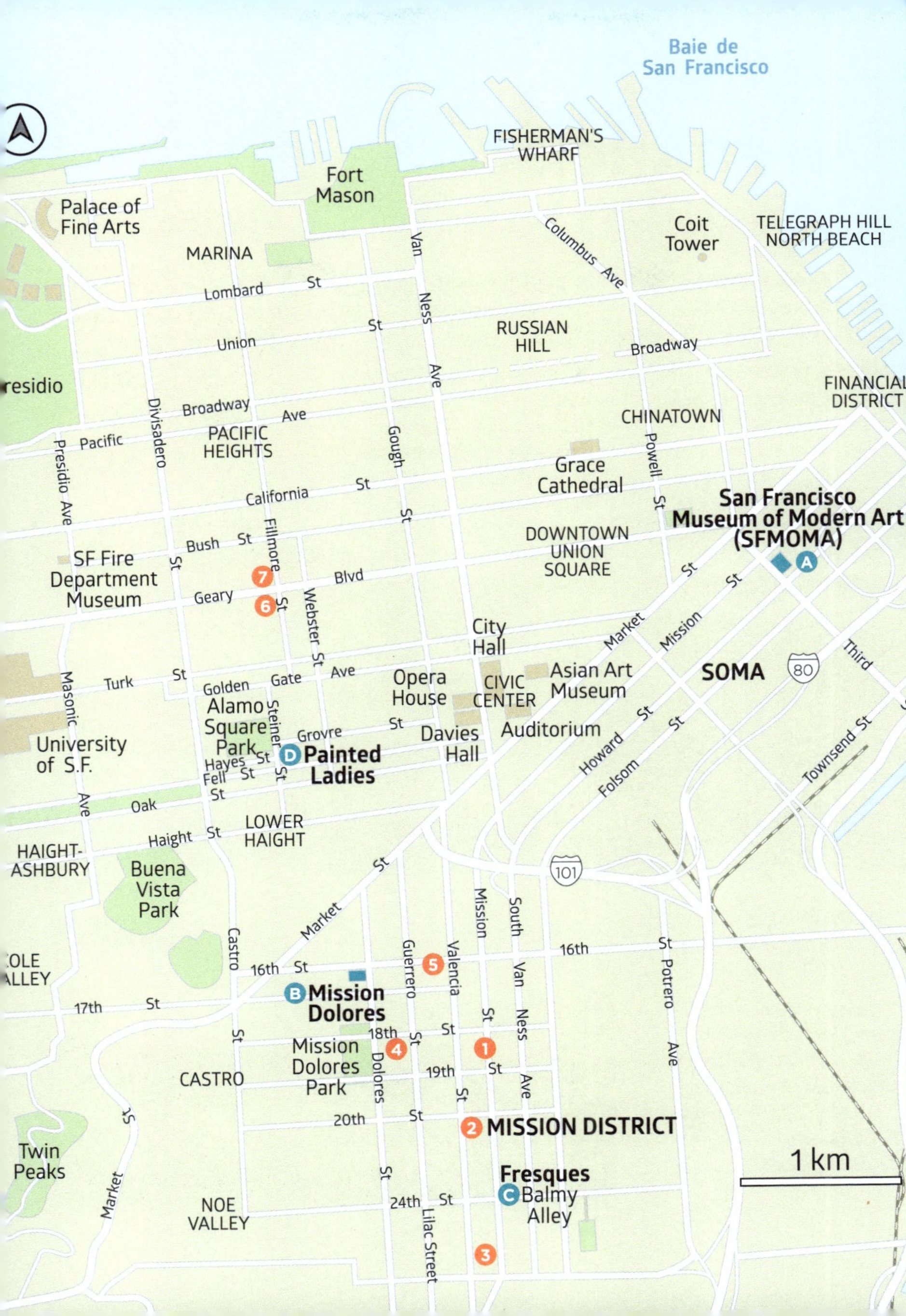

Baie de San Francisco
FISHERMAN'S WHARF
Fort Mason
Palace of Fine Arts
MARINA
Coit Tower
TELEGRAPH HILL NORTH BEACH
Columbus Ave
Van Ness Ave
Lombard St
Union St
RUSSIAN HILL
Broadway
Presidio
FINANCIAL DISTRICT
Broadway Ave
CHINATOWN
Pacific
PACIFIC HEIGHTS
Divisadero St
Presidio Ave
Gough St
Powell St
Grace Cathedral
California St
San Francisco Museum of Modern Art (SFMOMA)
A
DOWNTOWN UNION SQUARE
Bush St
Fillmore St
SF Fire Department Museum
7
6
Geary Blvd
Webster St
City Hall
Market St
Mission St
Third St
80
SOMA
Asian Art Museum
Turk St
Golden Gate Ave
Opera House
CIVIC CENTER
Masonic Ave
Alamo Square Park
Steiner St
Grovre St
Davies Hall
Auditorium
Howard St
Folsom St
Townsend St
University of S.F.
Hayes St
D
Painted Ladies
Fell St
Oak St
LOWER HAIGHT
Haight St
HAIGHT-ASHBURY
Buena Vista Park
101
Mission St
South Van Ness Ave
Market St
Castro St
16th St
Guerrero St
Valencia St
5
B
Mission Dolores
17th St
Potrero Ave
COLE VALLEY
18th St
4
1
Mission Dolores Park
Dolores St
19th St
CASTRO
20th St
2
MISSION DISTRICT
Twin Peaks
Fresques
C
Balmy Alley
1 km
24th St
Lilac Street
NOE VALLEY
3

SAN FRANCISCO SOMA ET MISSION DISTRICT VISITES

A SFMOMA

San Francisco Museum of Modern Art | 151 3rd St

Matisse, Louise Bourgeois, Warhol, Rothko... les plus grands noms de l'art moderne et contemporain sont à découvrir dans ce musée à l'écrin futuriste.
| sfmoma.org | F. mer | Payant | Résa conseillée.

B MISSION DOLORES

3321 16th St

C'est le plus vieil édifice de la ville (1791). La **chapelle** bâtie en adobe résista au séisme de 1906. Le **musée** reconstitue le quotidien des premiers temps de la mission.
| missiondolores.org | Payant.

Mission Dolores

Street art dans Mission District

C FRESQUES DE MISSION DISTRICT

Autour de Balmy Alley et Lilac St

Inspirés par les fresques de Diego Rivera et en hommage aux peuples de l'Amérique du Sud, voilà près de 40 ans que les artistes de Mission recouvrent les murs du quartier de fresques colorées.

D PAINTED LADIES

Steiner St (angle Grove St) | Ne se visite pas

7 maisons victoriennes, construites de 1892 à 1896, font face à Alamo Square. Surnommées les "Painted Ladies", elles sont reconnaissables à leurs façades pastel.

Painted Ladies

SAN FRANCISCO SOMA ET MISSION DISTRICT RESTOS, BARS

Street art dans Mission District

1 MISSION CHINESE FOOD
2234 Mission St

- Cuisine chinoise hyper-créative pleine de saveurs et d'épices du chef star Danny Bowien.

| Dans le Lung Shan Restaurant | Tlj 11h30-14h30, 17h-22h | Baby back pork rib 29$.

2 20 SPOT
3565 20th St

- Bar à vins cosy et resto.
- Belle sélection de vins de Californie (Monterey, Santa Ynez, Mendocino...) qui se renouvelle régulièrement.

| Mar-jeu 17h-21h30, ven-sam 17h-22h | Bouteilles de vin 60-300$.

3 LA TAQUERÍA
2889 Mission St

- La *taquería* (resto à tacos) emblématique de SF.
- Burritos et tacos à la plancha garnis de bœuf grillé *(asada)*, de chorizo ou végétariens.

| Mer-dim 11h-21h (20h dim) | Burritos 11-14$; tacos 5-6$.

4 TARTINE BAKERY
600 Guerrero St

- Boulangerie chic où déjeuner ou faire une pause gourmande.
- Brownies, cookies, *bread pudding*, sandwichs toastés.

| Tlj 8h-17h | Viennoiseries 5-7$.

5 THE MONK'S KETTLE
3141 16th St

- Un bar à bières comme on les aime, avec une trentaine de bières artisanales à la pompe et petite restauration.
- Agréable terrasse.

| Tlj 12h-minuit | Bières 7,50-17$, Monk's Burger 17$.

6 THE FILLMORE
1805 Geary Blvd

- Célèbre salle de concerts où Hendrix, Muddy Waters et Otis Redding ont joué.
- Concerts rock, folk, jazz et blues.

| Billets sur livenation.com

7 BOOM BOOM ROOM
1601 Fillmore St

- Club fondé par le grand bluesman John Lee Hooker.
- Concerts jazz, soul, funk, hip hop...

| Jeu-dim 16h-2h | Concerts 8-25$.

SAN FRANCISCO GOLDEN GATE BRIDGE ET L'OUEST

Cap sur le Pacifique ! Au programme : un pont iconique qui garde la City by the Bay, des parcs à perte de vue et des musées parmi les plus importants des États-Unis.

VISITES

- A Golden Gate Bridge
- B Presidio
- C Palace of Fine Arts
- D Legion of Honor Museum
- E Lands End
- F Golden Gate Park
- G Twin Peaks

RESTOS, BARS ET SORTIES

1. Nopalito
2. Hook Fish Co.
3. Outerlands
4. A16
5. Horsefeather
6. The Alembic

Golden Gate Bridge

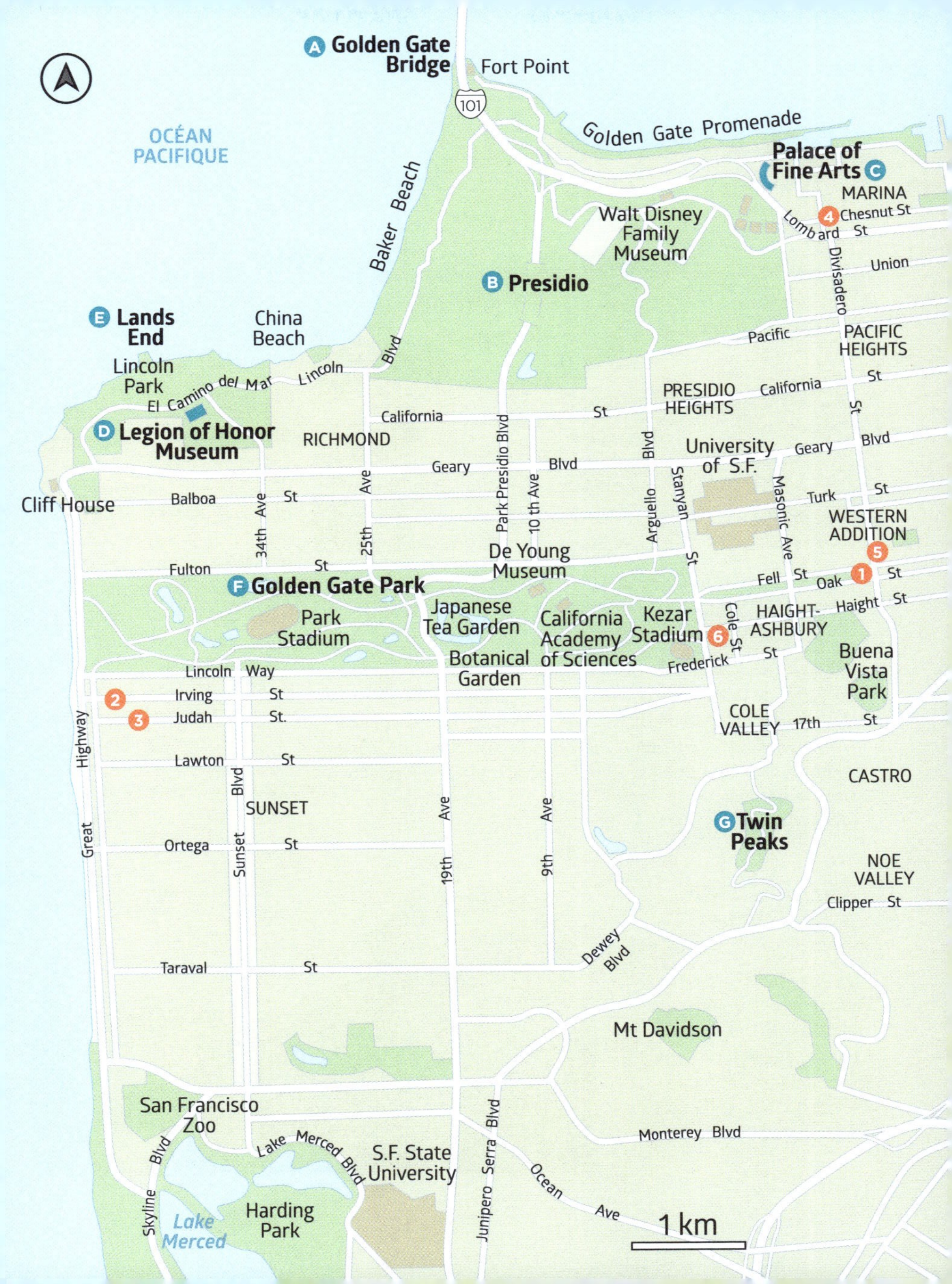

A Golden Gate Bridge
Fort Point
101
Golden Gate Promenade
OCÉAN PACIFIQUE
Baker Beach
Palace of Fine Arts C
MARINA
4 Chesnut St
Lombard St
Walt Disney Family Museum
Divisadero St
Union
B Presidio
E Lands End
China Beach
Pacific
PACIFIC HEIGHTS
Lincoln Park
El Camino del Mar
Lincoln Blvd
California St
PRESIDIO HEIGHTS
D Legion of Honor Museum
RICHMOND
Arguello Blvd
University of S.F.
Geary Blvd
Park Presidio Blvd
10 th Ave
Stanyan St
Masonic Ave
Turk St
Cliff House
Balboa St
34th Ave
25th Ave
WESTERN ADDITION
5
De Young Museum
Fulton St
F Golden Gate Park
Fell St
Oak St
1
Haight St
Japanese Tea Garden
California Academy of Sciences
Kezar Stadium
6
Cole St
HAIGHT-ASHBURY
Park Stadium
Botanical Garden
Frederick St
Buena Vista Park
Lincoln Way
2
Irving St
3
Judah St.
COLE VALLEY
17th St
Great Highway
Lawton St
Sunset Blvd
SUNSET
19th Ave
9th Ave
CASTRO
G Twin Peaks
Ortega St
NOE VALLEY
Clipper St
Dewey Blvd
Taraval St
Mt Davidson
San Francisco Zoo
Monterey Blvd
Junipero Serra Blvd
Lake Merced Blvd
S.F. State University
Ocean Ave
Skyline Blvd
Lake Merced
Harding Park
1 km

SAN FRANCISCO GOLDEN GATE BRIDGE ET L'OUEST VISITES

Baker Beach et le Golden Gate Bridge

A GOLDEN GATE BRIDGE

Accès piéton gratuit | Péage pour les voitures | Accès avec le bus 28

Le mythique Golden Gate Bridge, ouvert en 1937, jette un trait au-dessus de l'entrée de la baie de San Francisco avec ses 2,7km d'acier. Alors le plus haut et le plus long pont suspendu du monde, il est vite devenu l'idole des cinéastes et une icône de l'Amérique triomphante. Pour fouler le mythe, suivez son **chemin piéton**.

| goldengate.org

B PRESIDIO

Presidio Visitor Center :
210 Lincoln Blvd | presidio.gov

Lieu stratégique à l'entrée de la baie de San Francisco, le Presidio, ancienne place forte établie en 1776 par les Espagnols, est aujourd'hui un vaste parc sillonné de pistes cyclables et de sentiers. Les passionnés d'histoire militaire seront conquis, les amateurs de balade au bord de l'océan aussi, avec **Baker Beach** (baignade et surf), et les fans de Mickey fileront au **Walt Disney Family Museum,** consacré à son génial créateur.

*| **Walt Disney Family Museum :** 104 Montgomery St | waltdisney.org | Jeu-dim | Payant.*

C PALACE OF FINE ARTS

3601 Lyon St | Ne se visite pas

Dans un décor romantique façon ruines romaines, le palais des Beaux-Arts est l'unique pavillon rescapé de l'Exposition Panama-Pacific de 1915, célébrant l'ouverture du canal.

Palace of Fine Arts

D LEGION OF HONOR MUSEUM

Lincoln Park, 100 34th Ave

Hommage architectural au palais de la Légion d'honneur parisien, ce musée réunit une fabuleuse collection d'**art européen,** de la peinture du Moyen Âge à la sculpture du 19e s. Dans la cour, un bronze original du *Penseur* de Rodin ouvre le bal des stars : La Tour, Rubens, Lorrain, Fragonard, Monet, Degas... Du mobilier également (17e-18e s). Expos temporaires d'art plus contemporain.

| *legionofhonor.famsf.org* | *F. lun* | *Payant.*

E LANDS END

680 Point Lobos Ave
| *Balade de 2,5km*

L'extrémité nord-ouest de San Francisco offre une **balade** magique le long d'une côte accidentée plantée d'un bois de cyprès et bordée de falaises hautes de 60m plongeant dans l'océan.

Vue sur San Francisco depuis les Twin Peaks

F GOLDEN GATE PARK

Accès multiples sur Fulton St, Lincoln Way et Stanyan St | *Gratuit*

De la côte au centre de la ville, le Golden Gate Park est une oasis de sérénité doublée d'une destination culturelle majeure. L'**Académie des sciences** offre un voyage dans la forêt équatoriale, le **musée de Young** une incursion dans l'art primitif et l'art contemporain, le **Jardin botanique** un tour du monde en 8 000 espèces de plantes, et le **Japanese Tea Garden** une pause-thé dans un décor de pagodes et de bonsaïs.

G TWIN PEAKS

Ces Twin Peaks-là sont des collines jumelles pelées. Parfait pour embrasser San Francisco et sa baie d'un seul regard à quelque 300m d'altitude.

SAN FRANCISCO GOLDEN GATE BRIDGE ET L'OUEST RESTOS, BARS

1 NOPALITO
306 Broderick St

- Cuisine mexicaine authentique et bio.
- Nombreux *antojitos* (divers assortiments) et *tacos de carnitas* (porc mijoté).

| Mar-dim 11h30-21h (ven-sam 22h) | Plats 8-28$.

Crissy Field, au nord du Presidio

2 HOOK FISH CO.
4542 Irving St

- Cabane à deux blocks de la plage.
- Poisson en taco, burrito, salade ou fish & chips, accompagné de bières originales.

| Tlj 11h30-21h | Plats 13-22$.

3 OUTERLANDS
4001 Judah St

- À deux pas d'Ocean Beach, ce resto à la déco "cabane sur la plage" a des airs de vacances !
- Classiques américains, délicieux brunchs.

| Mer-dim 17h-22h, brunch ven-dim 9h-15h | Plats 9-28$.

4 A16
2355 Chestnut St

- Pizzeria, resto et bar à vins 100% italien.
- Chic et branché.
- Le menu change quotidiennement.

| Lun-jeu 17h-21h, ven-dim 12h-21h30 | Pizzas 19-25$; pâtes 25-29$.

5 HORSEFEATHER
528 Divisadero St

- Superbe bar décoré de boiseries dans le style Arts & Crafts américain.
- Cocktails de haute volée.

| Lun-jeu 14h-minuit, ven 14h-2h, sam 11h-2h, dim 11h-minuit | Cocktails 11-13$.

6 THE ALEMBIC
1725 Haight St

- Un bar à cocktails à la déco rétro proposant une délicieuse petite restauration.

| Mer-sam 16h-minuit, dim 14h-22h | Cocktails 11-14$; snacks 5-7$.

Façades à Haight Ashbury

ESCAPADE À LA JOURNÉE DEPUIS SAN FRANCISCO

NAPA VALLEY

LE MEILLEUR DES VIGNOBLES CALIFORNIENS

- **Boucle de 240km/150miles (3h30 env sans les visites).**
- **Éviter les w-e mai-oct, circulation extrêmement dense.**

A NAPA

visitnapavalley.com

La porte d'entrée de la vallée : **Welcome Center**, gastronomie haut de gamme au Oxbow Market et le top de l'art contemporain californien au **Di Rosa Center**.

| ***Di Rosa Center*** *: 5200 Sonoma Hwy*
| *dirosaart.org* | *Ven-dim* | *Payant.*

1 GOTT'S ROADSIDE

St Helena

- Une institution américaine réputée pour ses burgers de haute volée.
- Goûtez au Ahi Tuna Burger, une des spécialités.

| *933 Main St* | *Tlj 11h-21h*
| *Plats 12-20$; burgers 8-16$.*

B DOMAINES VITICOLES DE LA NAPA VALLEY

Visite et dégustation sur résa plusieurs semaines à l'avance | *Payant*

Inglenook : l'un des plus réputés de la vallée (propriété de F. F. Coppola), situé dans l'appellation *(AVA)* Rutherford Bench, la plus cotée. Le cabernet sauvignon est un must.
Grgich Hills : depuis que son chardonnay a été médaillé au Paris Tasting en 1976, la réputation de ce domaine ne se dément pas.

| ***Inglenook*** *: 1991 St Helena Hwy, Rutherford* | *inglenook.com*
| ***Grgich Hills*** *: 1829 St Helena Hwy, Rutherford* | *grgich.com*

C ST HELENA

Petite ville coquette et tranquille, plantée au milieu des vignes. Son centre historique, autour de Main Street, est idéal pour un après-midi shopping dans ses boutiques chics.

D CALISTOGA

Old Faithful Geyser :
calistogaspa.com | *payant*

La plus authentique bourgade de la vallée est connue pour ses sources chaudes, son **Old Faithful Geyser,** ses spas de luxe et le romantique domaine-château Castello di Amorosa.

Vignobles de la Napa Valley

Calistoga
Casa Nuestra
St Helena
Rutherford
Napa Valley
Silverado Trail
Yountville
Lake Berryessa
Santa Rosa
Sonoma
Napa
Fairfield
Baie de San Pablo
Richmond
Concord
Baie de San Francisco
Berkeley
Sausalito
OCÉAN PACIFIQUE
San Francisco
0 5 km
0 5 miles

TRAJET DE SAN FRANCISCO À YOSEMITE

Pour l'entrée de Big Oak Flat.
- **Trajet en voiture: 280km/170miles (3h15 sans les arrêts) par la CA 120.**
- **En transport: train jusqu'à Merced puis bus Yarts Bus Line (https://yarts.com)**

Église de Sonora

Ⓐ SONORA

À 210km E de San Francisco via I-580 et CA 120

Retrouvez l'âge d'or du Gold Country dans cette ville minière fondée en 1848 par des mineurs mexicains sur les contreforts boisés de la Sierra Nevada. Une balade sur **Washington St**, bordée de maisons en bois à galerie, ramène au temps des chercheurs d'or et des jeux d'argent. En haut de la rue, l'**église St James**, construite en bois dans le style gothique de l'époque, veille toujours sur les âmes en péril de la cité.

Ⓑ COLUMBIA STATE HISTORIC PARK

7km N de Sonora par la CA 49 | Gratuit

Cette ville minière née de la ruée vers l'or (1850) n'est jamais devenue une ville fantôme. Son parc historique réunit boutiques, saloons, théâtre et hôtels d'époque toujours en activité où évoluent des bénévoles en costume. Pour remonter le temps, poussez les portes du bureau de poste de la **Wells Fargo**, du **Pioneer Emporium** et du **Fallon Hotel**, une pépite victorienne où boire un verre ou passer la nuit.

Ville minière historique de Columbia

Reno
Lake Tahoe
NEVADA
Sacramento
Sacramento
B Columbia State Historic Park
Sonora A
Berkeley
Stockton
San Francisco
Oakdale
Modesto
Yosemite Valley
Yosemite NP
S. Joaquim
San Jose
Merced
Oakhurst
Fresno
Salinas
Monterey
CALIFORNIE
Big Sur
OCÉAN PACIFIQUE
0 50 km
0 50 miles

YOSEMITE NATIONAL PARK

REJOINDRE YOSEMITE NP

Big Oak Flat Entrance : la plus proche de San Francisco (sinon : Arch Rock Entrance, South Entrance et Tioga Pass Entrance).
Routes fermées de novembre à mai : Mariposa Grove Rd, Tioga Rd (CA120) et Glacier Point Rd.
- **En transport en commun :** bus Greyhound (greyhound.com) depuis San Francisco ; navette YARTS (https://yarts.com) depuis Merced, Sonora ou Fresno.
- **Camping-cars :** restriction d'accès à Mariposa Grove pour les véhicules de plus de 7,50m et à Glacier Point Rd pour ceux de plus de 9m.

ADRESSES UTILES

- **Visitor Centers :** le principal est celui de **Yosemite Valley** (9035 Village Dr, © 209 372 0200, tlj 9h-17h). Autres centres à **Wawona** (Hill's Studio, mai-oct tlj8h30-17h) et **Tuolumne Meadows** (mai-mi-oct tlj 9h-17h).
- **Wilderness Centers : Yosemite Valley** (mai-oct tlj 8h-17h, le reste de l'année au Visitor Center voisin) ; **Tuolumne Meadows** (Tioga Rd, à 3km E du Visitor Center, de fin mai à mi-oct tlj 8h-17h).

INFOS PRATIQUES

- **Ouverture :** toute l'année. Attention aux routes fermées l'hiver (se renseigner).
- **Tarifs :** 35$ par véhicule (valide 7 j.) ; inclus dans le *pass* America the Beautiful. Achat à l'entrée (péage).
- **Internet :** nps.gov/yose

CONSEILS

Prévoir 2 nuits sur place pour apprécier toute la richesse de ce parc national

- **Arrivée** : mai-sept, avant 9h ou après 17h pour éviter les embouteillages et trouver plus facilement une place de parking.
- **Essence** : 1 station (Crane Flat) ; faites le plein avant.
- **Sécurité** : bien respecter les règles de sécurité, surtout celles relatives à la faune et à la baignade.

RÉSERVATIONS

- **Hébergement :** voir ci-contre.
- **Backcountry Permit :** système de loterie et sur la base du 1er arrivé, 1er servi (à partir de 11h la veille de votre départ). Rens. auprès des Wilderness Centers.
- **Ascension de Half Dome :** permis obligatoire (10$) ; résa via loterie sur : recreation.gov

Panorama depuis Tunnel View

NAVETTES DANS YOSEMITE NP

Gratuites sauf Glacier Point Tour Bus

- **Valleywide Shuttle :** dessert tous les sites touristiques et hébergements, y compris Yosemite Village, Visitor Center, Four-Mile Trail... mi-mai à mi-oct tlj toutes les 12-22min.
- **East Valley Shuttle :** dessert Yosemite Village, Curry Village, Mirror Lake... mi-mai à mi-oct tlj toutes les 8-12 min).
- **Mariposa Grove Shuttle :** dessert Mariposa Grove depuis Wawona (avr-nov tlj).
- **Glacier Point Tour Bus :** navette payante desservant Glacier Point depuis Yosemite Valley Lodge.

HÉBERGEMENT

Réservation : indispensable mai-sept, surtout pour le camping.

- **Camping :** 13 campings dont 7 réservables jusqu'à 5 mois à l'avance (recreation.gov). Sans résa : campings *First come, first served* avant 10h. 9 campings peuvent accueillir les camping-cars.
- **High Sierra Camps :** campements de cabines et de tentes accessibles en randonnée (travelyosemite.com) ; résa via loterie, Wilderness Permit obligatoire.
- **Hôtels, lodges et cabines** offrent un meilleur confort (travelyosemite.com). Réserver le plus tôt possible (1 an à l'avance si possible).

YOSEMITE NATIONAL PARK

Espace naturel somptueux de forêts de séquoias, de cascades, de gorges et de blocs de granit offrant des randonnées et des points de vue inoubliables.

VISITES ET ACTIVITÉS

- A Mariposa Grove
- B Faire de l'équitation
- C Pioneer Yosemite History Center
- D Glacier Point
- E Taft Point
- F Yosemite Valley
- G El Capitan
- H Nager dans la Merced
- I Yosemite Village
- J Balade à vélo
- K Vernal et Nevada Falls
- L Yosemite Falls
- M Half Dome
- N Tenaya Lake
- O Tuolumne Meadows

HÉBERGEMENTS

- 1 Narrow Gauge Inn
- 2 Wawona Hotel
- 3 Housekeeping Camp
- 4 North Pines Campground

RESTOS

- 5 Degnan's Kitchen
- 6 Base Camp Eatery
- 7 Mountain Room Restaurant
- 8 Bar du Ahwahnee

Au bord de la Merced

Yosemite NP
Tioga Pass Entrance
120
Tuolumne Meadows
Tenaya Lake
Tioga Rd
Big Oak Flat Entrance
Tuolumne Grove
Yosemite Falls
Yosemite Village
Mirror Lake
Half Dome
Merced Lake
Mount Lyell
El Capitan
Big Oak Flat Rd
Glacier Point
Vernal et Nevada Falls
Arch Rock Entrance
Tunnel View
Bridalveil Falls
Taft Point
El Portal
Merced
Glacier Point Rd
Wawona Rd
Pioneer Yosemite History Center
Wawona
S. Fork Merced
CALIFORNIE
140
Mariposa Grove
Faire de l'équitation
South Entrance
Fish Camp
41
Mariposa
Tuolumne
Rancheria
Piute
Falls
Fork
0 5 km
0 5 miles
Yosemite Village
Lower Yosemite Fall Trail
The Ahwahnee
Mirror Lake
Nager dans la Merced
Yosemite Valley
Tenaya
Curry Village
Balade à vélo
Glacier Point
0 0,5 km
0 0,5 miles

YOSEMITE NATIONAL PARK

VISITES ET ACTIVITÉS

A MARIPOSA GROVE

Mariposa Grove Rd | Navette gratuite depuis Welcome Plaza (à dr. après le péage) | Parking gratuit

Cet ensemble de séquoias géants compte pas moins de 500 colosses à découvrir au fil de sentiers en boucle ponctués de panneaux pédagogiques. Le **Big Tree Loop Trail** (500m ; facile) conduit au Fallen Monarch, tombé il y a plus de 3 siècles et toujours intact ! Le **Grizzly Giant Loop** (3,2km ; modéré) mène au California Tree, seul arbre-tunnel vivant, et au Grizzly Giant, le doyen du parc.

B FAIRE DE L'ÉQUITATION

Yosemite Trails

Pour découvrir les séquoias géants de Mariposa Grove à cheval, le ranch Yosemite Trails propose de belles balades (de 1h à 1/2 j.).
| 7910 Jackson/Big Sandy Rd, Fish Camp | yosemitetrails.com | De mi-mai à oct | Payant.

C PIONEER YOSEMITE HISTORY CENTER

Forest Dr, Wawona | Tlj | Gratuit

Pont couvert, local de maréchal-ferrant, cabanes en rondins, atelier de réparation des diligences... Un musée en plein air pour retrouver l'atmosphère du temps des pionniers.

D GLACIER POINT

Glacier Point Rd (route fermée de nov à mai)

Incontournable, ce promontoire rocheux perché à 1000m au-dessus de la vallée de Yosemite offre un panorama inouï sur Half Dome, Vernal et Nevada Falls, et le canyon de Tenaya. Un moyen de le rejoindre, c'est à pied cette fois, via le **Four-Mile Trail** (7,5km aller), une ascension exigeante, mais qui offre une vue imprenable sur la vallée, El Capitan, Cathedral Rocks et surtout Yosemite Falls, tous invisibles depuis Glacier Point.
*| **Four-Mile Trail** : départ à l'arrêt n°11 du Valleywide Shuttle | Rando difficile.*

E TAFT POINT

Rando facile | 3,5km AR | Départ : Taft Point Trailhead

Amateurs de sensations fortes et de vues fabuleuses, rendez-vous à Taft Point, similaire à Glacier Point, la foule et les barrières de protection en moins (danger), la vue sur El Capitan en plus !

Taft Point

El Capitan

F YOSEMITE VALLEY

Vallée traversée par une route à sens unique au S de Merced River | Desservie par le Yosemite Valley Shuttle

La vallée de Yosemite se découvre depuis **Tunnel View**, un point de vue aménagé à la sortie du tunnel de Wawona offrant une vue en enfilade de toute la vallée habillée d'un épais manteau de pins verts : au sud, les **chutes de Bridalveil**, **Cathedral Rocks**, **Sentinel Dome** et **Half Dome** ; au nord, le géant **El Capitan,** les pics des **Three Brothers** et derrière, cachées, **Yosemite Falls**.

G EL CAPITAN

El Capitan Trail : Rando longue mais sans difficulté | 26 km AR (6-10h) | Départ : Tamarack Flat Campground (via CA 120 et Old Big Oak Flat Rd)

Le plus grand monolithe de la planète, haut lieu de l'escalade mondiale, domine l'entrée de la vallée de sa silhouette granitique, quasi-verticale, de 900m de haut ! Pour l'admirer à loisir, prendre un peu de recul à **Cathedral Beach,** au bord de Merced River. Autre possibilité, moins reposante, suivre le **El Capitan Trail** jusqu'au sommet, depuis le nord du parc, une balade longue mais sans difficulté.

H NAGER DANS LA MERCED

Une expérience inoubliable dans une eau fraîche (15-18°C l'été). Lieux de baignades autorisées : North Pines Campground, Devil's Elbow, Cathedral Beach et Housekeeping Camp.

Merced River

YOSEMITE NATIONAL PARK

VISITES ET ACTIVITÉS

I YOSEMITE VILLAGE

***Yosemite Museum:** 9039 Village Dr | F. lun-mar en hiver | Gratuit*
***Ansel Adams Gallery:** 9031 Village Dr | anseladams.com | Gratuit*

Ce centre touristique regroupe l'administration du parc, un grand Visitor Center et deux institutions culturelles à ne pas manquer : le **Yosemite Museum**, dédié à l'histoire culturelle des Ahwahnechee (Miwok), habitants de la vallée déplacés de force dans les années 1850 ; la **Ansel Adams Gallery,** du nom du célèbre photographe et écologiste, organise de belles expos photographiques.

J BALADE À VÉLO

***Location:** Curry Village (Valleywide Shuttle, arrêt 13) | Avr-oct | Payant*

Rien de tel qu'une balade à vélo pour découvrir les beautés de Yosemite Valley. Une piste cyclable de près de 20km relie tous les sites touristiques le long d'un itinéraire plat et bien balisé.

Yosemite Falls

K VERNAL ET NEVADA FALLS

Rando de niveau modéré | 4,8km (Vernal Fall), 11km AR (Nevada Falls) | 2-5h | Départ : Mist Trailhead (Valleywide Shuttle ou East Valley Shuttle)

Ces chutes d'eau (95 et 180m de haut) sont des buts d'excursion très appréciés, notamment à la fin du printemps (mai-juin), quand le débit de la Merced River est le plus fort. La 2de partie du sentier, vers Nevada Falls, est plus difficile, mais aussi moins fréquentée. Une fois au sommet, s'éloigner vers l'O d'env. 500m, via le John-Muir Trail : la vue sur les Nevada Falls, Half Dome et Liberty Cap est fantastique !

L YOSEMITE FALLS

*Départ: Lower Yosemite Fall Trail (Valleywide Shuttle, arrêt 6) | **Lower Fall:** 800m AR, facile, 30min | **Upper Fall:** 12km AR, difficile, 6-10h*

Avec une chute en 3 paliers (Upper Fall, Middle Cascades, Lower Fall) de plus de 700m, la star du parc en impose ! L'été, réduite à un filet d'eau, elle peut cependant être décevante, mais la **piscine naturelle** de Lower Fall est alors ouverte à la baignade (eau froide !). Upper Fall, masquée depuis Lower Fall, ne s'admire qu'au prix d'un bel effort (réservé aux sportifs), au bout du très ardu Upper Yosemite Fall Trail (790m de dénivelé) !

M HALF DOME

Randonnée très difficile | 23 km AR | 10-12h | Départ: Mist Trailhead

Plus de 1500m de dénivelé positif, de 10 à 12h de marche... l'ascension du Half Dome est difficile mais attire malgré tout de nombreux candidats qu'une loterie quotidienne doit départager ! Le sésame en poche, rien ne vous empêche de faire la première partie de la randonnée, jusqu'au pied du colosse de granit, avant la partie finale, la plus difficile : on grimpe alors à l'aide d'une via ferrata vertigineuse !

Half Dome

N TENAYA LAKE

70km N de Yosemite Village via Tioga Rd (CA 120) | Parking 300m après le lac

Une aire de pique-nique, une plage de sable, des eaux claires frangées de pins dans un paysage de dômes granitiques... le lac Tenaya a tout cela à offrir. Ses eaux froides, même l'été (baignade autorisée), se jettent dans le Tenaya Canyon, puis dans Merced River au cœur de la vallée de Yosemite.

O TUOLUMNE MEADOWS

***Lembert Dome Trail** : niveau modéré | 4,5km AR | 1h30-3h | Départ: Dog Lake Parking (800m du Wilderness Center)*

Cette "prairie dans le ciel" (2 600m), au cœur d'un paysage alpin grandiose, se pare au printemps d'un tapis de fleurs sauvages multicolores. Le tableau est encore plus beau depuis le **Lembert Dome,** une bosse de granit qui, dans ce décor préhistorique, évoque le dos d'un diplodocus assoupi...

YOSEMITE NATIONAL PARK

HÉBERGEMENTS

1 NARROW GAUGE INN

Fish Camp (hors du parc)

"Accueil amical dans cet hôtel au charme rustique. Les plus : le restaurant et la piscine ! Notre étape préférée avant le parc."

| 48571 CA 41 | narrowgaugeinn.com | 165-250$ (moins cher l'hiver).

Wawona Hotel

2 WAWONA HOTEL

Anciennement Big Trees Lodge | 8308 Wawona Rd

"Le Wawona Hotel, bâtisse de style victorien construite en 1856, mérite à lui seul l'arrêt. Son restaurant sert de bons plats dans un décor délicieusement suranné."

| Ouv avr-nov et début déc-début janv | 200-250$ | Restaurant tlj 7h-10h, 11h30-14h, 17h30-21h ; plats : env. 15$; bbq sam soir l'été.

3 HOUSEKEEPING CAMP

Yosemite Valley, Southside Dr

- Pour s'endormir au cœur de la vallée, sous les pins géants ou, mieux, sur les rives de Merced River.
- 266 cabines en bois et toile.

| Toilettes et douches à partager | 120$/nuit (tax. inc.) | Ouv avr à mi-oct.

4 NORTH PINES CAMPGROUND

Yosemite Valley, 9024 Southside Dr

- 80 places de camping sous les arbres.
- Sur les rives de Merced River, baignade autorisée.

| Juin-mi-oct (résa jusqu'à 5 mois à l'avance) | Ring fire, table, toilettes et eau potable facile d'accès | 36$/nuit.

YOSEMITE NATIONAL PARK

RESTOS

Yosemite Village

5 DEGNAN'S KITCHEN

Yosemite Village, 9015 Village Dr

- Idéal pour le petit déjeuner, pour préparer un pique-nique ou déjeuner sur le pouce.
- Sandwichs à la demande, pâtes, pizzas, salades.

| Tlj 7h-18h | Breakfast special 11$, Pizza Pepperoni 12$.

6 BASE CAMP EATERY

Yosemite Valley

- Joli espace lumineux idéal pour déjeuner.
- *Food court* avec comptoirs de cuisines italienne, asiatique et américaine.

| 9006 Yosemite Lodge Dr
| Tlj 6h30-20h (ven-sam 21h)
| Plats 8-16$.

7 MOUNTAIN ROOM RESTAURANT

Yosemite Valley

- Idéal pour un dîner élégant.
- Salle cosy avec verrière donnant sur Yosemite Falls.
- Spécialités de viande et de poisson sauvage.

| 9006 Yosemite Lodge Dr
| Tlj 17h-21h | Plats 26-64$.

8 BAR DU AHWAHNEE

Yosemite Village, 1 Ahwahnee Dr

"Hébergement le plus chic de la vallée, l'intérieur a servi d'inspiration pour l'Overlook Hotel de *Shining* de Stanley Kubrick."

| Anciennement Majestic Hotel
| Tlj 12-22h (horaires étendus l'été)
| Cocktails 16$ env; bières 8-16$.

The Ahwahnee Hotel

TRAJET DE YOSEMITE À DEATH VALLEY

- **Trajet direct: 370km /230miles (4h env).**
- **Prévoir 1 jour pour bien profiter des sites de visite (et donc une nuit en route).**
- **La sortie par Tioga Road est sublime (mais souvent fermée).**

A BODIE STATE HISTORIC PARK

CA 270, Bridgeport | Payant

Impressionnant village fantôme datant de la ruée vers l'or (60 saloons, jusqu'à 10 000 hab). Promenade dans les rues désertes, visite du musée et de bâtiments figés dans le temps.

B MONO LAKE

CA 120. South Tufa | Visite guidée gratuite

Un lac qui ne laisse pas indifférent. À voir pour ses tours (tufs) calcaires émergeant des eaux, ses colonies d'oiseaux et le panorama alentour. Sentier de randonnée (1,5km).

Mammoth Lakes

C MAMMOTH LAKES

CA 203

Bel ensemble de lacs (Twin Lakes, Horseshoe Lake) creusés par les glaciers et bordés de forêts émeraude, propices à la randonnée. Station de ski l'hiver.

1 THE STOVE COUNTRY COOKIN'

Mammoth Lakes

- Pancakes, omelettes farcies, burgers, sandwichs, tacos, *quesadillas*.

| 644 Old Mammoth Rd
| Tlj 7h-14h | Plats : 11-15$.

D DEVILS POSTPILE NAT. MONUMENT

CA 203, puis Postpile Rd | Payant

Un monument de pierre constitué de milliers de colonnes de basalte, formé par une coulée de lave il y a 100 000 ans ! Accès en bus mi juin-mi-sept.

E ANCIENT BRISTLE-CONE PINE FOREST

CA 168, White Mount Rd

L'étonnante forêt de pins de Bristlecone (alt. 3 400m), abrite le **Methuselah**, l'un des plus vieux arbres du monde (4 850 ans !) et le **Patriarch Tree**, le plus grand de cette espèce.

F LONE PINE

US 395

Petite ville aux allures western devenue célèbre au cinéma grâce à ses décors naturels (Alabama Hills). Ne pas manquer le **Museum of Western Film History.**

*| **Museum** : 701 S Main St | museumofwesternfilmhistory.org | Payant.*

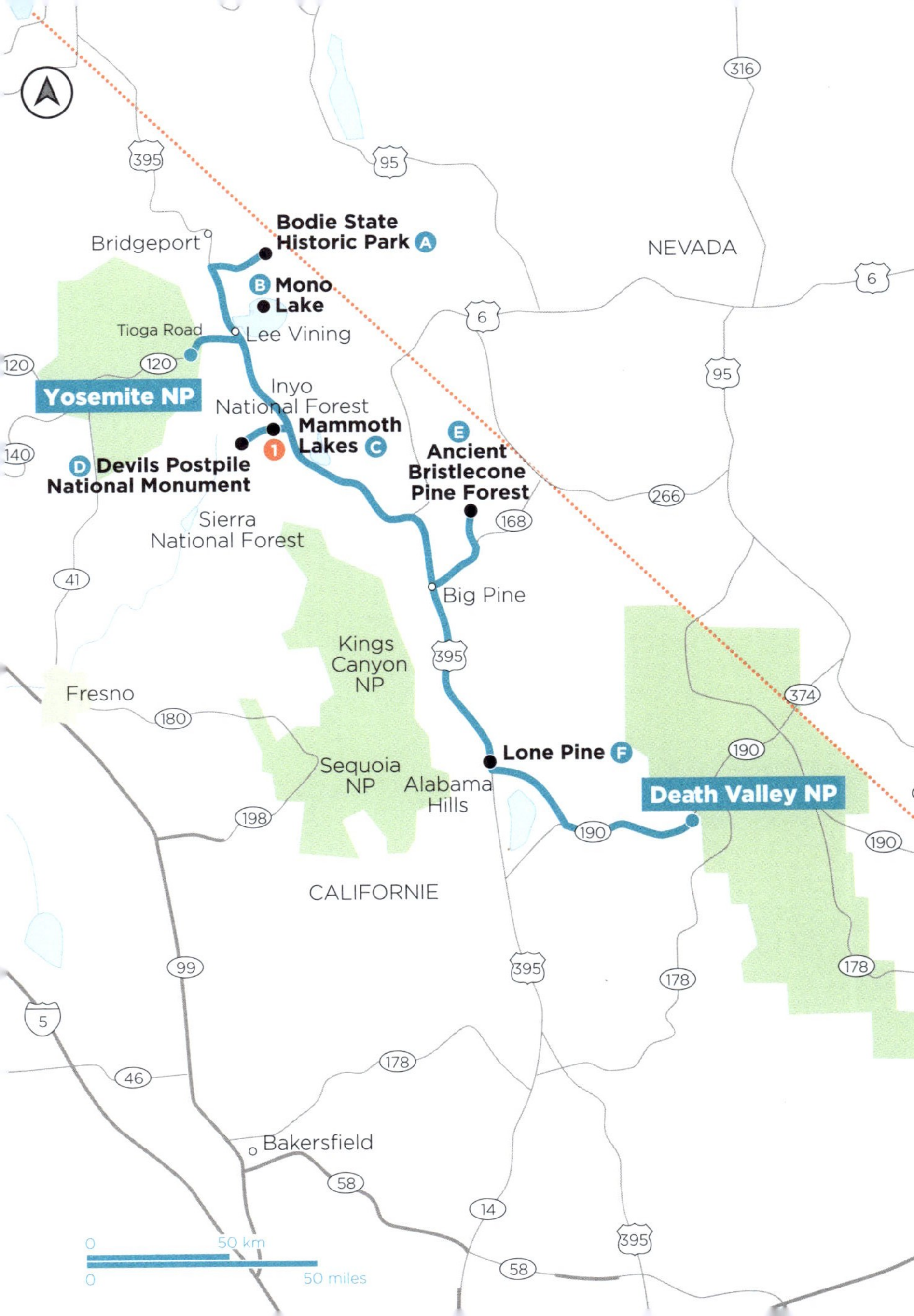
Bodie State Historic Park A
B Mono Lake
Bridgeport
NEVADA
Tioga Road
Lee Vining
Yosemite NP
Inyo National Forest
Mammoth Lakes C
1
D Devils Postpile National Monument
E Ancient Bristlecone Pine Forest
Sierra National Forest
Big Pine
Kings Canyon NP
Fresno
Lone Pine F
Sequoia NP
Alabama Hills
Death Valley NP
CALIFORNIE
Bakersfield
395
95
316
6
120
140
266
168
41
180
374
190
373
198
127
99
178
5
46
58
14
0
50 km
0
50 miles

DEATH VALLEY NATIONAL PARK

INFOS PRATIQUES

Ouverture : toute l'année.
Tarifs : 30$ par véhicule (*pass* 7 j.) ; inclus dans le *pass* America the Beautiful. Pas de péage à l'entrée, mais paiement obligatoire au Visitor Center (Furnace Creek), à la Ranger Station (Stovepipe Wells) ou aux divers guichets automatiques du parc (Zabriskie Point, Badwater Basin).
Internet : nps.gov/deva
Visitor Center : à Furnace Creek, ✆ 760 786 3200, tlj 8h-17h. Visites guidées et conférences (nov-avr).
Ranger Station : à Stovepipe Wells, tte l'année, horaires variables.
General Store (supérette) : à Furnace Creek (ven-mer 8h-20h, jeu 7h-21h) et à Stovepipe Wells (tlj 7h-20h).
Essence : station-service à Furnace Creek, Stovepipe Wells et Beatty.

RÉSERVATIONS ET HÉBERGEMENT

- **Camping :** 9 campings dont 4 ouverts tte l'année et 1 seul, Furnace Creek, pouvant être réservé (recreation.gov). Pour les autres, principe du *First come, first served.*
- **Backcountry Permit :** randonnée et nuitée en camping dans la nature autorisées avec permis (gratuit). Rens. : Visitor Center, Ranger Station.

CONSEILS ET ORIENTATION

Prévoir 1 journée pour traverser le parc

- **Conseils :** printemps (mars-avr) et automne (oct-nov) sont les meilleures saisons (températures douces). Si vous voyagez l'été (mai-sept), partez en balade au lever du jour.
- **Orientation :** le téléphone cellulaire ne fonctionne pas dans presque tout le parc et le GPS embarqué indique de faux raccourcis (à travers canyons et déserts) qu'il ne faut surtout pas tenter d'emprunter. Pour vous orienter, une carte détaillée de Death Valley est beaucoup plus fiable.

DANGERS

La Vallée de la Mort porte bien son nom. D'avril à octobre, la **chaleur** est extrême (jusqu'à 50°C) et les risques liés à la déshydratation sont très réels : buvez beaucoup d'eau (4 l/j.), ne faites pas d'effort physique au plus fort de la chaleur et gardez toujours une grande quantité d'eau dans votre véhicule et dans votre sac à dos.
Morsures : ne retournez pas de pierres : serpents, scorpions et araignées y vivent !
Crues subites *(flash floods)* : n'empruntez pas un canyon ou quittez-le lors de pluies fortes et subites. **Voiture** : ne prenez jamais une voie non pavée.

Dante's View

DEATH VALLEY NATIONAL PARK

Protégée de l'influence océane par Panamint Range, Death Valley est l'un des endroits les plus chauds et secs du monde. Ses paysages lunaires cachent des canyons et des rochers aux couleurs incroyables.

VISITES ET ACTIVITÉS

- A Mosaic Canyon
- B Mesquite Flat Sand Dunes
- C Observer les étoiles
- D Furnace Creek
- E Golden Canyon
- F Artist's Drive
- G Devil's Golf Course
- H Badwater Basin
- I Natural Bridge Canyon
- J Zabriskie Point
- K Dante's View
- L Rhyolite

Route dans la Death Valley

HÉBERGEMENTS ET RESTOS

1. Stovepipe Wells Village Hotel
2. Toll Road Restaurant et Badwater Saloon
3. Furnace Creek Campground
4. The Inn at Death Valley
5. Last Kind Words saloon
6. Happy Burro Chili & Beer
7. Death Valley Inn

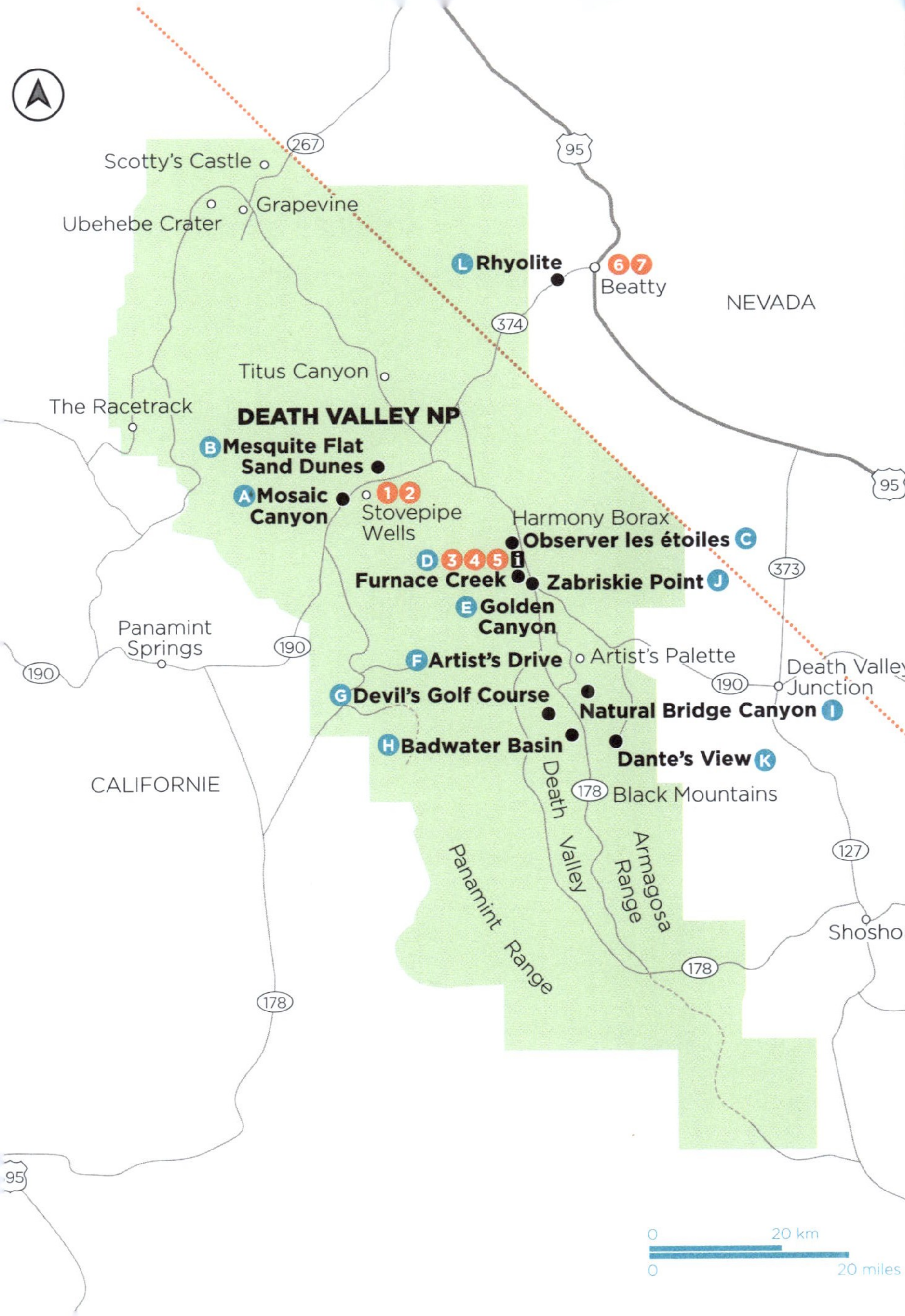
Scotty's Castle
Grapevine
Ubehebe Crater
Rhyolite
Beatty
NEVADA
Titus Canyon
The Racetrack
DEATH VALLEY NP
Mesquite Flat Sand Dunes
Mosaic Canyon
Stovepipe Wells
Harmony Borax
Observer les étoiles
Furnace Creek
Zabriskie Point
Golden Canyon
Panamint Springs
Artist's Drive
Artist's Palette
Death Valley Junction
Devil's Golf Course
Natural Bridge Canyon
Badwater Basin
Dante's View
CALIFORNIE
Death Valley
Black Mountains
Panamint Range
Armagosa Range
Shoshone
0 20 km
0 20 miles

DEATH VALLEY NATIONAL PARK VISITES ET ACTIVITÉS

Mosaic Canyon

A MOSAIC CANYON
À 4km S de Stovepipe Wells, via Mosaic Canyon Rd (jusqu'au parking)

Une balade (6km AR, 2h30) de niveau modéré entre les étroites parois de ce canyon.

B MESQUITE FLAT SAND DUNES
À 3km E de Stovepipe Wells (CA 190)

Une randonnée de 3,2km (1h30) à la rencontre des plus belles dunes du parc et, avec un peu de chance, du renard nain des sables (Kit fox).

C OBSERVER LES ÉTOILES
Rens. au Visitor Center

Le site de Harmony Borax Works offre l'un des meilleurs points d'observation des étoiles, notamment de la Voie lactée. Une activité à faire en compagnie d'un ranger.

D FURNACE CREEK
CA 190

Une oasis plantée de dattiers en plein désert ! Incontournable pour son **Visitor Center,** son **Borax Museum** à la gloire des pionniers et pour trouver hébergements et restos.

E GOLDEN CANYON
Départ à 5,5km S de Furnace Creek par Badwater Rd

Une randonnée magique modulable (5-13km AR, 1h30-4h30) à la découverte d'un labyrinthe de canyons et de *badlands* jusqu'à Zabriskie Point.

F ARTIST'S DRIVE
Via CA 190 et Badwater Rd

Boucle de 15km à travers les Black Mountains offrant les paysages les plus colorés (Artist's Palette) de Death Valley.

Artist's Palette, sur Artist's Drive

Badwater Basin

G DEVIL'S GOLF COURSE

Badwater Rd, puis West Side Rd

Ce "terrain de golf du diable", une vaste plaine salée, offre un paysage lunaire de blocs de sels rocailleux. Depuis Badwater Rd, on rejoint le Natural Bridge Canyon.

H BADWATER BASIN

Badwater Rd

Ce vaste bassin est tout ce qui reste d'un lac qui recouvrait la vallée. Point le plus bas (86m sous le niveau de la mer) et le plus chaud de l'hémisphère nord, il se couvre de plaques de sel l'été.

I NATURAL BRIDGE CANYON

À 25km S de Furnace Creek

Une excursion facile de 45min (3,2km AR) au pied de Badwater Basin à la recherche d'une arche naturelle et jusqu'à une chute d'eau asséchée.

J ZABRISKIE POINT

CA 190

Cette succession de collines en accordéon aux couleurs multiples est à découvrir à l'aube ou au crépuscule pour sa palette de couleurs fascinante.

K DANTE'S VIEW

À 1669m d'altitude, ce point de vue offre un merveilleux panorama sur la chaîne des Panamint, la Death Valley et le mont Whitney(4421m), le plus haut sommet des Etats-Unis (hors Alaska).

L RHYOLITE

CA 190 et NV 374

Ville fantôme née de la ruée vers l'or, Rhyolite comptait encore 10 000 âmes au début du 20e s ! À voir, la fantaisiste Bottle House (1906), bâtie par Tom Kelly à l'époque où la cité comptait 50 saloons ; le Goldwell Open Air Museum, rempli d'œuvres décalées de l'artiste belge Albert Szukalski, tranchant avec le paysage. Ne manquez pas *The Last Supper*, inspiré de *La Cène* de De Vinci, et la Pacific Union House.

DEATH VALLEY NATIONAL PARK HÉBERGEMENTS ET RESTOS

1 STOVEPIPE WELLS VILLAGE HOTEL

Stovepipe Wells | SR 190

"À Stovepipe Wells, au pied des célèbres dunes de sable de Mesquite, un hôtel de 83 chambres équipé d'une piscine... rafraîchissante !"

| Restaurants sur place (voir ci-contre) | 144-226$.

2 TOLL ROAD RESTAURANT ET BADWATER SALOON

Stovepipe Wells | SR 190

"Dans le désert brûlant, le village de Stovepipe Wells est providentiel avec son hôtel (ci-contre) et ses 2 restos de spécialités américaine, Badwater Saloon et Toll Road Restaurant."

*| **Toll Road Restaurant** : tlj, service 7h-10h30, 11h-16h15 et 17h-21h*
| Petit déj 16$, pork chop (côtelette de porc) 28$.
*| **Badwater Saloon** : tlj, service 11h30-22h ; bar 17h-22h*
| The Cowboy burger 16,50$, bière 3-6$.

3 FURNACE CREEK CAMPGROUND

Furnace Creek | SR 190

- Camping ombragé de 136 places pour tentes et camping-cars.

| Tte l'année (résa mi-oct-mi-avr)
| Toilettes et eau potable ; douche payante au Ranch at Death Valley
| 22$ (36$ avec raccordement électrique).

4 THE INN AT DEATH VALLEY

Furnace Creek | SR 190

- Au cœur de Death Valley, un hôtel de luxe historique de la fin des années 1920, au milieu d'une oasis plantée de palmiers.

| oasisatdeathvalley.com | Piscine, boutiques, restaurants | 315-500$.

5 LAST KIND WORDS SALOON

Furnace Creek | SR 190

- Beau décor d'un saloon d'antan pur Far West !
- Idéal pour dîner ou boire un verre au bar. Spécialités américaines.

| Tlj 12h-14h, 17h-22h | Barbecue baby back rib 44-62$, wild Alaskan Salmon 50$, bières 7-12$.

6 HAPPY BURRO CHILI & BEER

Beatty | 100 Main St

- Un bar d'habitués à l'ambiance très amicale, dans une jolie cabane en bois brut à la déco rustique.
- Spécialité : *chili con carne.*

| Tlj 11h-22h (21h en été)
| Plats 6-15$.

The Inn at Death Valley

7 DEATH VALLEY INN

Beatty | 651 US 95

"Un motel récent et bien équipé avec piscine, Jacuzzi, barbecue, laverie en libre-service dans le village western de Beatty."

| deathvalleyinnmotel.com | 99$.

Zabriskie Point

TRAJET DE DEATH VALLEY À LAS VEGAS

- **Trajet en voiture : 200km/120miles (2h10 sans les arrêts).**

Amargosa Opera House

A AMARGOSA OPERA HOUSE

Death Valley Junction

Un opéra au milieu du désert ? C'est l'idée géniale qu'eut la danseuse Marta Becket. En 1967, de passage dans cette petite cité minière, elle repère un théâtre à l'abandon, le loue pour 45$ par mois et créé son premier spectacle ! 50 ans plus tard, la relève assurée par une ancienne élève, et le show continue les vendredis et samedis soirs. On peut aussi y dormir (amargosa-opera-house.com). Un voyage dans le temps !

| amargosa-opera-house.com | Visite payante | Spectacles payants ven-sam.

Red Rock Canyon

B RED ROCK CANYON NATIONAL CONSERVATION AREA (NCA)

Red Rock Canyon Rd | redrockcanyonlv.org | Payant (pass America the Beautiful).

Des paysages magiques dominés par des montagnes de grès rouge et piquée d'arbres de Josué (Joshua trees). Une **Scenic Loop** (boucle en sens unique) de 21km (1h ou plus selon les arrêts) déroule les plus beaux paysages du canyon. Arrêt aux points de vue de High Point et Red Rock Wash. Les randonneurs peuvent emprunter le **Calico Hills Trail** (départ du Visitor Center, 3-10km AR, 1h30-3h30) pour admirer de près les dégradés d'ocre et de rouge des Calico Hills et avoir une chance d'observer tortues du désert, chuckwallas (lézards), mouflons, ânes burros et écureuils à queue blanche !

Beatty Gold Center
95
93
NEVADA
Amargosa Valley
Indian Springs
Furnace Creek
A Amargosa Opera House
180
190
Death Valley NP
Death Valley Junction
Corn Creek
Mt Charleston
B Red Rock Canyon NCA
Las Vegas
Scenic Drive
160
159
Paradise
Nopah Range Wilderness Area
178
Mountain Springs
Henderson
CALIFORNIE
Baker
Mojave National Preserve
395
15
Kelso
0
50 km
0
50 miles
40

LAS VEGAS

ADRESSES ET INFOS UTILES

- **Visitor Information Center :** 3150 Paradise Rd ✆ 702 892 0711. Tlj 8h-17h, lvcva.com
- **lasvegasmagazine.com :** spectacles, clubs, restos, toute l'actu de Vegas.
- Certains shows en plein air sont gratuits. Voir le bloc d'informations pratiques du lieu.

RÉSERVATIONS ET BILLETTERIE

- **Concerts et spectacles :** billets vendus à moitié prix le jour même dans les **kiosques TIX4Tonight** (https://tix4tonight.com), tlj 11h-19h : Casino Royale (3411 Las Vegas Blvd S), Bally's Grand Bazaar (3635 Las Vegas Blvd), Showcase Mall (3785 S Las Vegas Blvd).
- **Hébergement :** résa conseillée le plus à l'avance possible.

Planet Hollywood Resort

SE DÉPLACER À VEGAS

- **À pied :** Downtown et le Strip (6km) se parcourent à pied.
- **Bus Deuce :** dessert le Strip de Fremont St (Downtown) jusqu'au casino-hôtel Mandalay Bay. *Pass* 1 j. 8$ (6$ à l'unité).
- **Monorail :** du SLS Las Vegas au MGM Grand via Caesars Palace, Flamingo et Paris-Las Vegas. Pass 1 j. 15$ (billet à l'unité 5$).
- **Tramways gratuits :** Mandalay Bay-Luxor-Excalibur ; Monte Carlo-Bellagio ; Mirage-Treasure Island.
- **Stationnement :** parkings des casinos payants (valet ou *self-park*).

CASINOS, MODE D'EMPLOI

- Les **jeux d'argent** et la consommation d'**alcool** sont **interdits aux moins de 21 ans** (avoir toujours son passeport sur soi). Les mineurs n'ont pas le droit de regarder jouer les adultes.
- **Machine à sous** *(slot machine)* : plus de manche à actionner à l'ancienne ! On insère un billet ou une carte du casino créditée au préalable auprès du caissier *(cashier)* que l'on introduit dans la machine comme une carte de paiement. En cas de **gain** : ticket à échanger auprès du caissier ou de bornes automatiques.

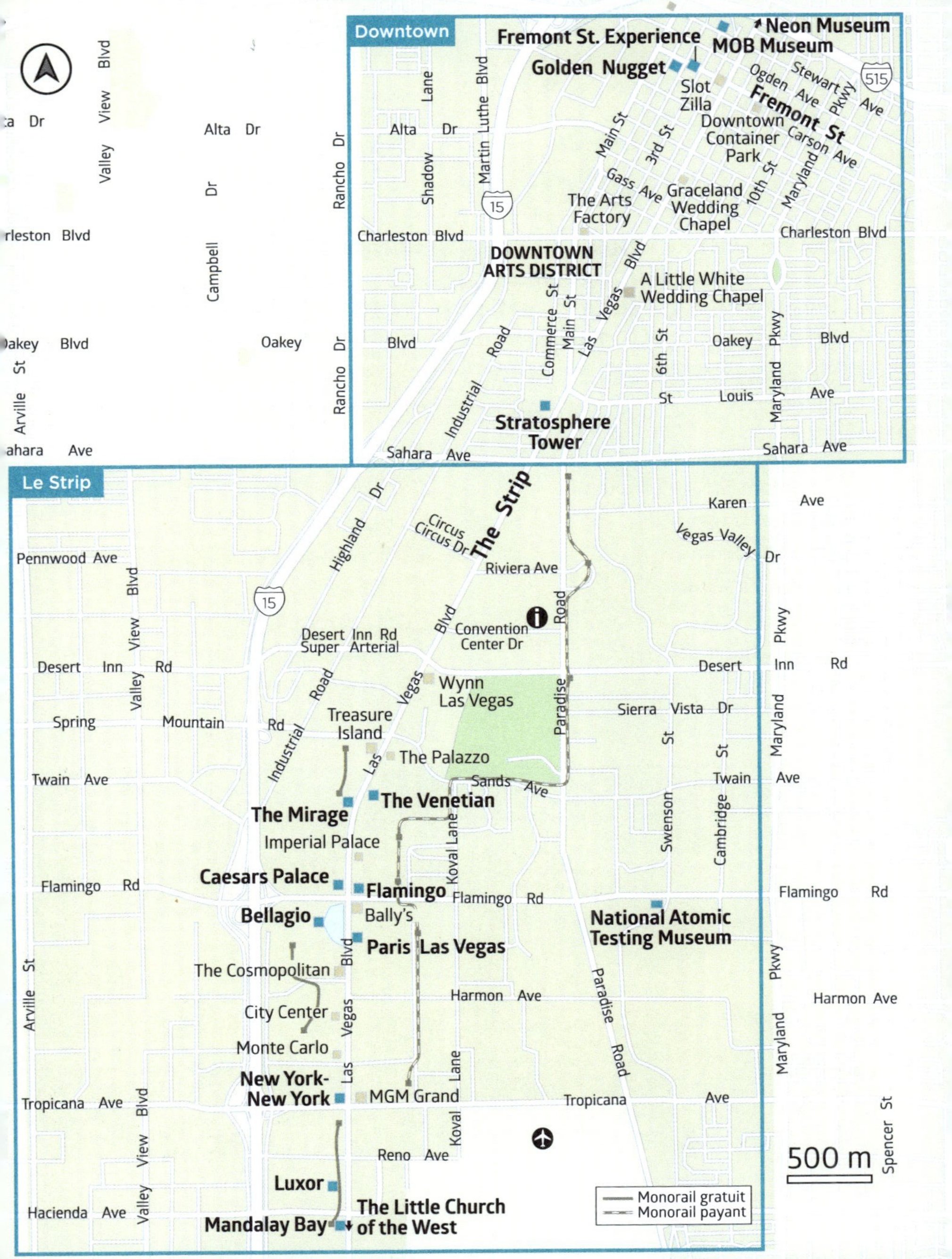

Downtown
Fremont St. Experience
Neon Museum
MOB Museum
Golden Nugget
Slot Zilla
Downtown Container Park
Fremont St
The Arts Factory
Graceland Wedding Chapel
DOWNTOWN ARTS DISTRICT
A Little White Wedding Chapel
Stratosphere Tower
Le Strip
The Strip
The Mirage
The Venetian
The Palazzo
Treasure Island
Wynn Las Vegas
Imperial Palace
Caesars Palace
Flamingo
Bellagio
Bally's
Paris Las Vegas
The Cosmopolitan
City Center
Monte Carlo
New York-New York
MGM Grand
Luxor
Mandalay Bay
The Little Church of the West
National Atomic Testing Museum
Convention Center Dr
Monorail gratuit
Monorail payant
500 m

LAS VEGAS DOWNTOWN

Avant de s'étirer le long du Strip, Sin City – la "ville du péché" – est née ici, à Downtown, de l'imagination et de l'avidité de Bugsy Siegel et Meyer Lansky, célèbres mafiosos. Vieilles enseignes lumineuses, casinos *old school,* Downtown est un véritable voyage dans le passé.

VISITES & ACTIVITÉS

- A Fremont Street
- B Fremont Street Experience
- C Golden Nugget
- D Mob Museum
- E Neon Museum
- F Arts District
- G Stratosphere Tower

RESTOS, BARS ET SORTIES

1. Golden Steer Steakhouse
2. Siegel's 1941
3. Good Pie
4. Downtown Container Park
5. Pepe's Taco
6. El Cortez Casino
7. Atomic Liquors
8. Frankie's Tiki Room

Fremont Street

Bonanza Road
15
95
515
E Neon Museum
Bonanza Road
Main Street Station
B Fremont St. Experience
D Mob Museum
C Golden Nugget
Martin Luther Blvd
Stewart Ave
N 9th St
2 6
Ogden Ave
A Fremont St
4
Downtown Container Park
7
Bridger Ave
S 4th St
S Main St
DOWNTOWN
Alta Dr
Shadow Lane
Center Blvd
S 3rd St
Clark Ave
Carson Ave
S 11th St
Pkwy
Casino
Garces Ave
Blvd
Graceland Wedding Chapel
Gass Ave
Las Vegas
S 8th St
S 10th St
Bonneville Ave
Maryland
Hoover Ave
S 6th St
S 7th St
The Arts Factory
8
Charleston Blvd
5
F Arts District
3
4th St
Colorado Ave
3rd St
9th St
Franklin Ave
Commerce St
Main St
Sweeney Ave
7th St
13th St
Wyoming Ave
Oakey Blvd
6th St
10th St
11th St
Maryland Pkwy
Casanova Ave
Industrial Road
Ave
St Louis Ave
G Stratosphere Tower
Road
Fairfield
1
Sahara Ave
Paradise
Sahara Station
The Strip
500 m
Karen Ave
Monorail

LAS VEGAS DOWNTOWN VISITES ET ACTIVITÉS

A FREMONT STREET

Arrêt du Deuce angle Fremont St et N Las Vegas Blvd

Sa voûte lumineuse moderne et ses boutiques clinquantes n'y changent rien, Fremont Street est un voyage dans le temps à la rencontre des gloires du Vegas des années 1950 et 1960 plus ou moins relookées. Ne pas manquer les bars et hôtels-casinos Fremont, Golden Gate, El Cortez, Atomic Liquor...

El Cortez Hotel sur Fremont Street

Fremont Street Experience

B FREMONT STREET EXPERIENCE

SlotZilla : https://vegasexperience.com | Payant

Portion de Fremont Street couverte d'une canopée lumineuse de 450m de long, équipée de lasers et de plus de 12 millions d'ampoules LED pour des spectacles visuels époustouflants ! Pour plus de folie encore, traversez la voûte en tyrolienne au-dessus de la foule avec **SlotZilla**.

C GOLDEN NUGGET

129 Fremont St | goldennugget.com

"Avec sa façade lumineuse et sa déco kitsch, le Golden Nugget est l'un des hôtels-casinos historiques de Vegas. Dans le hall, admirez ***Hand of Faith***, l'une des plus grosses pépites d'or (27,2kg !). Dehors, la **piscine** s'enroule autour d'un aquarium à requins traversé par un toboggan transparent !"

| Piscine payante pour les non-clients.

D MOB MUSEUM

300 Stewart Ave | themobmuseum.org | Payant

Dans l'ancien tribunal fédéral, ce musée national, unique en son genre, présente l'histoire du crime organisé aux États-Unis, notamment à Las Vegas. Les grands gangsters sont là, les *speakeasies* de la Prohibition aussi, et la pugnacité des *Feds* pour mater les Al Capone, Bugs et autres Lucky Luciano...

Mob Museum

E NEON MUSEUM

770 N Las Vegas Blvd | neonmuseum.org | Visite libre tlj ; visite guidée tlj le soir sur resa | Payant

Découvrir l'histoire de Las Vegas à travers ses plus belles enseignes restaurées et exposées dans le "cimetière" en plein air de Neon Boneyard Park. Une visite guidée à réaliser le soir de préférence pour voir ces icônes oubliées des années 1950-1960 à nouveau briller dans la nuit de Vegas.

F ARTS DISTRICT (18B)

18b.org | Arts Factory : 107 E Charleston Blvd

Si le Las Vegas arty existe, il est ici, dans ce quartier de 18 blocks autour de Main St et Charleston Blvd. Il fourmille de galeries d'art, de hubs culturels – **The Arts Factory** –, de boutiques vintage, d'antiquaires funky et de cafés trendy, et propose un festival – **First Friday Art Walk** – le 1er vendredi du mois.

Neon Museum

G STRATOSPHERE TOWER

2000 S Las Vegas Blvd | https://thestrat.com | Payant

Pour voir Las Vegas d'en haut, faire du base jump ou des manèges *insane* ("fous") au-dessus de 350m de vide, rendez-vous au sommet de la plus haute tour de Las Vegas. Frayeurs garanties !

LAS VEGAS DOWNTOWN RESTOS, BARS ET SORTIES

1 GOLDEN STEER STEAKHOUSE
308 W Sahara Ave

- Après Sinatra, Presley, Ali, prenez place sur les banquettes rouges de la plus vieille steakhouse de Vegas.
- Délicieuses pièces de bœuf.

| Tlj 16h30-23h | Prime Rib of Beef 60-77$, Longhorn extra thick 86$.

2 SIEGEL'S 1941
El Cortez Casino | 600 Fremont St

- Resto rétro en hommage au gangster Bugsy Siegel, fondateur du casino El Cortez.
- Classiques américains.

| Tlj 24h/24 | Pot Roast 17$, Prime Rib of beef 29-35$.

3 GOOD PIE
1212 S Main St

- D'authentiques *New York pizza slices* en plein Vegas...
- ... mais aussi Detroit, Brooklyn, Sicilian et Grandma *styles.*

| Dim-jeu 11h-22h, ven-sam 11h-23h | Pizzas 24-38$.

Downtown Container Park

4 DOWNTOWN CONTAINER PARK
707 Fremont St

- À deux pas de la frénésie de Fremont Street Experience.
- Conteneurs reconvertis en boutiques, restos, cinéma (The Dome), scène musicale.

| downtowncontainerpark.com | Lun-jeu 11h30-23h, ven-sam 11h-1h, dim 11h-20h.

5 PEPE'S TACO
2490 Fremont St

- Fast-food de cuisine mexicaine authentique.
- *Asada* (bœuf grillé), *cabeza* (tête de veau), *buche* (panse de porc), *lengua* (langue de bœuf) avec *salsa.*

| Tlj 24h/24 | Tacos 3$, burritos 5-14$.

6 EL CORTEZ CASINO
600 Fremont St

"Un casino de petite taille pour goûter au charme du Vegas des années 1950 dans une atmosphère décontractée et plus authentique."

| Parlour Bar : Tlj 11h-2h, happy hour 17h-19h | Patron Margarita Special 6$.

7 ATOMIC LIQUORS
917 Fremont St

- Enseigne à néon mythique pour le plus vieux bar à comptoir de Sin City (1935).
- Bières artisanales à la pompe et cocktails.

| Tlj 12h-2h (ven-sam 3h) | Cocktails 7-12$.

8 FRANKIE'S TIKI ROOM
1712 W Charleston

- Bar à cocktails à la déco mêlant l'exotisme des mers du Sud au primitivisme moderne avec une touche de kitsch 100% Las Vegas.

| Tlj 24h/24 | Cocktail 10$.

Enseigne géante sur Fremont Street

LAS VEGAS
LE STRIP

Paris, Venise, New York, les pyramides de Gizeh... Le Vegas des hôtels-casinos pharaoniques, de la démesure et de tous les excès est concentré ici, le long des 6,5km du Las Vegas Boulevard, alias le "Strip". Bienvenue dans la ville qui ne dort jamais.

VISITES ET ACTIVITÉS

- A The Venetian
- B The Mirage
- C Caesars Palace
- D Flamingo
- E Bellagio
- F National Atomic Testing Museum
- G Paris-Las Vegas
- H New York-New York
- I Luxor
- J Mandalay Bay
- K Little Church of the West

RESTOS

1. A.Y.C.E Buffet Palms Resort
2. Bacchanal Buffet at Caesars
3. Block 16 Urban Food Hall
4. Peppermill
5. Burger Bar at Mandalay Bay
6. Lotus of Siam
7. Hell's Kitchen at Caesars Palace

BARS ET SORTIES

8. Aria Casino
9. Skyfall Lounge
10. The Golden Tiki
11. The Sand Dollar Lounge
12. Kà au MGM Grand
13. Tao Nightclub au Venetian

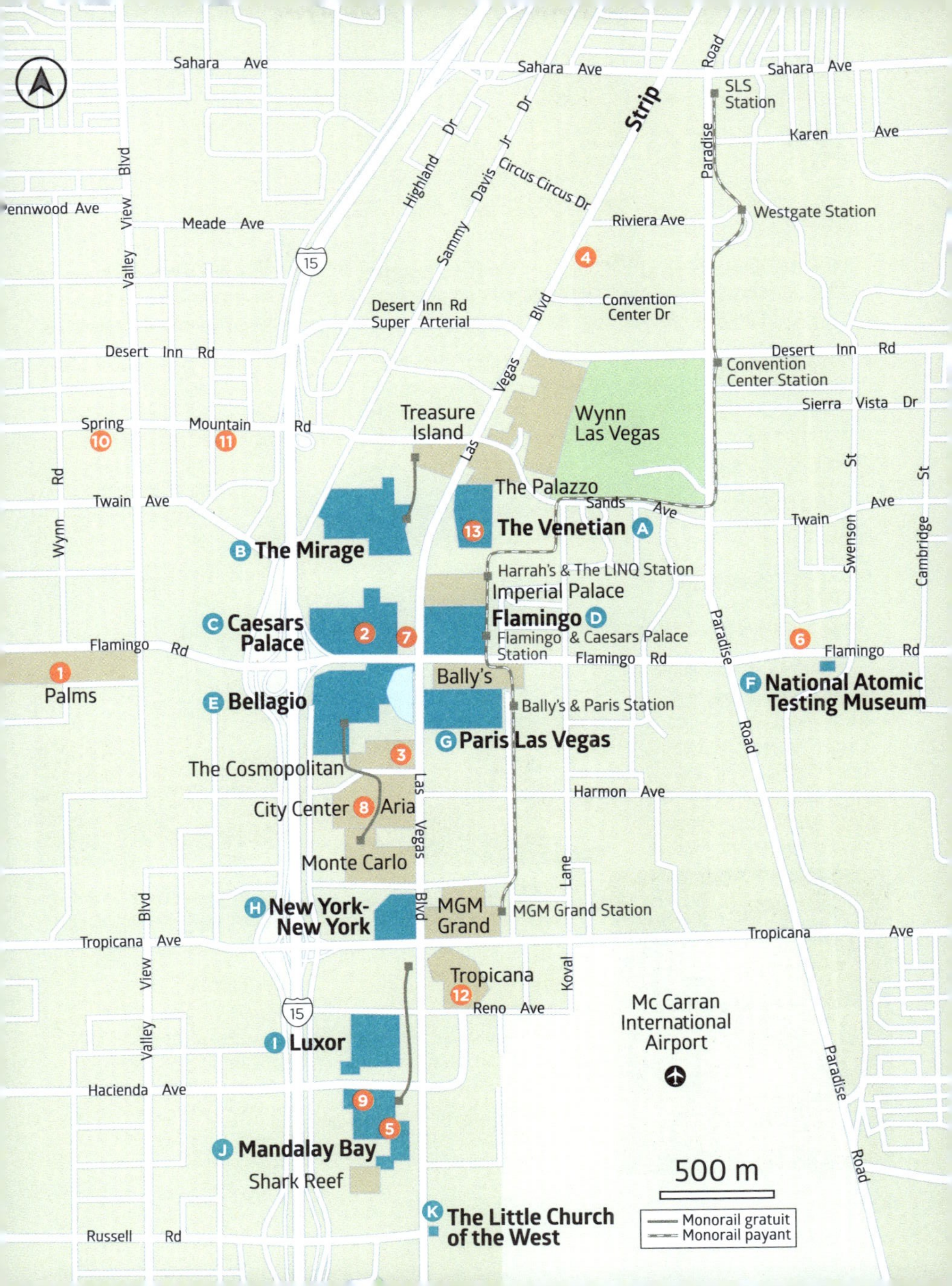

Sahara Ave
Strip
SLS Station
Karen Ave
Paradise Road
Highland Dr
Sammy Davis Jr Dr
Circus Circus Dr
Westgate Station
Pennwood Ave
Meade Ave
Riviera Ave
Valley View Blvd
15
4
Desert Inn Rd Super Arterial
Convention Center Dr
Las Vegas Blvd
Desert Inn Rd
Convention Center Station
Sierra Vista Dr
Treasure Island
Wynn Las Vegas
Spring
10
Mountain
11
Rd
Wynn Rd
Swenson St
Cambridge St
The Palazzo
Sands Ave
Twain Ave
13
The Venetian
A
B
The Mirage
Harrah's & The LINQ Station
Imperial Palace
C
Caesars Palace
2
7
Flamingo
D
Flamingo & Caesars Palace Station
6
Flamingo Rd
1
Palms
Bally's
F
National Atomic Testing Museum
E
Bellagio
Bally's & Paris Station
G
Paris Las Vegas
3
The Cosmopolitan
Harmon Ave
City Center
8
Aria
Monte Carlo
Koval Lane
H
New York-New York
MGM Grand
MGM Grand Station
Tropicana Ave
Tropicana
12
Reno Ave
Mc Carran International Airport
I
Luxor
Hacienda Ave
9
5
J
Mandalay Bay
Shark Reef
500 m
K
The Little Church of the West
Russell Rd
Monorail gratuit
Monorail payant

LAS VEGAS LE STRIP VISITES ET ACTIVITÉS

A THE VENETIAN

3355 S Las Vegas Blvd
| venetianlasvegas.com

Palais des Doges, pont des Soupirs, campanile, Grand Canal où glisser en gondole, une dizaine de piscines et 40 restos, hommage à Venise.

| Tour en gondole : tlj, payant.

B THE MIRAGE

3400 S Las Vegas Blvd
| mirage.mgmresorts.com

Jardin tropical intérieur, piscines dans un décor de lagon, et même dauphins et tigres blancs ! Le soir, côté Strip, un show reproduit une éruption volcanique !

| Volcan : 20h, 21h, 22h, 23h ; gratuit
| Piscines pour les clients ; payant.

C CAESARS PALACE

3570 S Las Vegas Blvd
| caesars.com/caesars-palace

Piscines au look de thermes romains, salle de spectacles façon Colisée… soit l'Empire romain à la mode Vegas ! Show sur l'Atlantide avec robots (*Fall of the Atlantis*).

| Fall of Atlantis : ttes les heures 11h-22h ; gratuit

D FLAMINGO

3555 S Las Vegas Blvd
| caesars.com/flamingo-las-vegas

Le 1er hôtel-casino de luxe de Vegas, créé par le gangster Bugsy Siegel en 1946 dans le style Art déco de Miami Beach. Dans les jardins tropicaux, *pool parties* les plus délirantes de Vegas !

| Go Pool Day Club : tlj ; payant.

The Venetian

Flamingo

E BELLAGIO

3600 S Las Vegas Blvd
| https://bellagio.mgmresorts.com

Le plus célèbre des hôtels-casinos de Vegas en met plein les yeux avec son palais toscan et son lac sur le Strip, bordé de villas, offrant un spectacle inouï de 1200 jets d'eau sur des airs d'opéra.

| Spectacle des fontaines : tlj, gratuit.

F NATIONAL ATOMIC TESTING MUSEUM

755 E Flamingo Rd | Payant

La plus insouciante des villes américaines flirte avec l'apocalypse avec ce captivant musée des Essais nucléaires retraçant l'histoire des 928 tests réalisés dans le Nevada depuis 1951.

| nationalatomictestingmuseum.org

G PARIS-LAS VEGAS

3655 S Las Vegas Blvd
| caesars.com/paris-las-vegas

Arc de triomphe, tour Eiffel, Opéra Garnier… Le plus parisien des casinos de Vegas a même une réplique de la galerie des Glaces de Versailles ! Vue magique depuis le sommet de la tour Eiffel locale.
| Eiffel Tower Experience : tlj, payant.

Le bassin du Bellagio et le Paris-Las Vegas

H NEW YORK-NEW YORK

3790 S Las Vegas Blvd
| newyorknewyork.mgmresorts.com

Statue de la Liberté, Empire State Building, pont de Brooklyn… Toutes les icônes de New York sont reproduites ici en format réduit ! Ambiance Little Italy ou Greenwich Village, et le casino a des airs de bourse de Wall Street. Au bord du Strip, ne manquez pas le Big Apple Coaster, des montagnes russes décoiffantes !
| Big Appel Coaster : tlj, payant.

I LUXOR

3900 S Las Vegas Blvd
| luxor.mgmresorts.com

Un obélisque et un sphinx géant… Direction l'Égypte avec cet hôtel-casino logé dans une réplique en verre fumé, et à l'échelle, d'une pyramide de Gizeh ! Salle dédiée aux jeux vidéo au HyperX Esports Arena, et exposition permanente sur les trésors du *Titanic*.
| Titanic Exhibition : tlj, payant | HyperX Esports Arena : tlj, payant.

J MANDALAY BAY

3950 S Las Vegas Blvd
| mandalaybay.com

Inspiration asiatique pour l'un des hôtels les plus élégants : piscines au milieu d'un jardin tropical, plage de sable blanc et un aquarium géant – Shark Reef –, où évoluent requins, tortues, raies mantas et méduses que l'on découvre le long d'un tunnel de verre.
| Mandalay Beach : tlj, gratuit pour les clients, payant pour les non-clients (lun-jeu) | Shark Reef : tlj, payant.

K LITTLE CHURCH OF THE WEST

4617 S Las Vegas Blvd
| littlechurchofthewest.com

Une partie des quelque 120 000 mariages célébrés chaque année à Las Vegas ont lieu ici, dans cette jolie église en bois de séquoia bâtie en 1952. Le plus vieil édifice du Strip, aujourd'hui monument historique, a vu passer, entre autres, Judy Garland, Bob Geldof, Noel Gallagher, Angelina Jolie…
| Cérémonie à partir de 210$.

LAS VEGAS LE STRIP RESTOS

1 A.Y.C.E BUFFET PALMS RESORT

4321 W Flamingo Rd

- Cuisine raffinée à ce buffet à volonté ; idéal au petit déjeuner et au lunch.
- Rôtisserie, bbq, cuisine du monde et pâtisseries fines.

| Tlj 8h-21h (ven-sam 22h) | Buffet 37-65$.

2 BACCHANAL BUFFET AT CAESARS

3570 S Las Vegas Blvd

- L'un des meilleurs buffet à volonté de Vegas.
- Réputé pour ses fruits de mer, son grill et sa cuisine asiatique.

| Lun-jeu 16h-22h, ven-dim 9h-22h | Dîner 80$ | Brunch (9h-15h) 65$.

3 BLOCK 16 URBAN FOOD HALL

3708 S Las Vegas Blvd

- *Food hall* à la déco urbaine pour du fast-food savoureux.
- Spécialités du South West, japonaises et vietnamiennes, sandwicherie, donuts, etc.

| Dans l'hôtel The Cosmopolitan | Dim-jeu 7h-22h, ven-sam 7h-minuit | Plats 10-40$.

4 PEPPERMILL

2985 S Las Vegas Blvd

"Sofas roses, néons, brasero... Déco 100% Vegas pour ce *diner* où siroter un Scorpion, le cocktail-signature, avant de goûter les spécialités de bœuf du *diner*."

| Lun-jeu 7h-23h, ven-dim 7h-2h | Plats 20-47$.

5 BURGER BAR AT MANDALAY BAY

3930 S Las Vegas Blvd

- Des burgers de luxe à créer soi-même.
- Au bison, au bœuf angus ou de Kobe, veggie ou vegan...

| Dim-jeu 11h-22h, ven-sam 11h-23h | Burgers 20-30$.

6 LOTUS OF SIAM

620 E Flamingo Rd

- Resto de cuisine thaïe élégant et feutré.
- Soupes, viandes grillées, curries, *noodles*...

| Lun-jeu 17h30-22h, ven-dim 12h-15h30, 17h30-22h | Plats 20-30$.

Hell's Kitchen

7 HELL'S KITCHEN AT CAESARS PALACE

3570 S Las Vegas Blvd

- La table raffinée du célèbre chef anglais Gordon Ramsay.
- Cuisine de haut vol et spécialités britanniques.

| Tlj 11h-minuit | Menus (hors vins) 66-90$, Jidori Chicken Scallopini 33$, Beef Wellington 70$.

LAS VEGAS LE STRIP BARS ET SORTIES

The Strip

8 ARIA CASINO

3730 S Las Vegas Blvd

• Un casino luxueux, lumineux et calme, idéal pour s'initier aux jeux.
• Blackjack, craps, baccarat, roulette, poker... et 2 000 *slot machines* de 1 cent à 5 000 $.
| Tlj 24h/24.

9 SKYFALL LOUNGE

3940 S Las Vegas Blvd

"Au 64e étage du Delano, le Skyfall a une vue géniale sur le Strip ! On aime y boire un cocktail en attendant le *sunset* et les *lights* du Strip."
| Tlj 17h-minuit | Cocktails 20$, bières 8-10$.

10 THE GOLDEN TIKI

3939 Spring Mountain Rd

• Dans Chinatown, un bar à cocktails polynésien au décor exotique délirant.
• Soirées jazz, DJ, années 1980 et night-club.
| Tlj 24h/24 | Happy hour tlj 16h-19h | Cocktails env 15$.

11 THE SAND DOLLAR LOUNGE

3355 Spring Mountain Rd

• Le temple du jazz et du blues à Vegas depuis 1976 et la venue de B. B. King.
• Concert tous les soirs, pizzas et cocktails.
| Tlj 16h-4h (dim 20h-4h) | Cocktails env 12$.

12 KÀ AU MGM GRAND

3799 S Las Vegas Blvd

• Spectacle du Cirque du Soleil avec 80 artistes alliant acrobaties, pyrotechnie et arts martiaux dans des décors sidérants.
| Billets 50-300$.

13 TAO NIGHTCLUB AU VENETIAN

3377 S Las Vegas Blvd

• L'un des clubs les plus courus de Vegas.
• Déco asiatique et zen, ambiance intime et célèbres DJ.
| Jeu-sam 22h30-3h | Entrée 15-20$ | Dress code : décontracté et élégant.

TRAJET DE LAS VEGAS À GRAND CANYON, ROUTE 66

- **Trajet en voiture: 400km/250miles (4h30 sans les arrêts).**
- **Prévoyez de passer une nuit dans un motel à Williams ou à Tusayan, ou à proximité de Grand Canyon Village.**

A HOOVER DAM

Hwy 93, sortie 2 | Visite des installations payante

Ce **barrage** géant de style Art déco (1935) fut bâti pour parer les crues du Colorado, fournir la Californie, le Nevada et l'Arizona en électricité, et favoriser l'agriculture dans cette zone aride. Le réservoir de Lake Mead alimente Las Vegas en eau, mais son niveau est dangereusement bas... Pour admirer l'ensemble, suivez la voie piétonne sur le pont de la Hwy 93 ; ou pénétrez à l'intérieur du barrage au cours d'une visite guidée.

B CHLORIDE

*À 100km S de Hoover Dam, via Hwy 93 | **Chloride Murals:** au bout de Tennessee Ave, empruntez le chemin de terre battue sur 2km*

Si les mines d'argent qui ont fait la fortune de Chloride à la fin du 19e s ont toutes fermé, la petite cité, elle, n'a rien d'une ville fantôme ! Parmi les reliques à ne pas manquer, l'ancienne prison, la vieille station-service et les **Chloride Murals,** des fresques hypercolorées réalisées par Roy Purcell dans les années 1960 sur des rochers à 2 km à l'est du bourg, au bout d'un chemin de terre battue.

Chloride

C HACKBERRY GENERAL STORE

11255 E Rte 66 | Hackberry

Plongez dans l'époque mythique de la **Route 66** dans ce magasin en tôle ondulée au décor de vieilles autos, de pompes à essence et d'antiques distributeurs, qui a inspiré le film *Cars*.

Hackberry General Store

D WILLIAMS

À 165km S de Hackberry, via Rte 66 et I-40

Avec son village *Old West*, ses nombreux motels, restos et cafés rétro, Williams est une étape agréable sur la route de Grand Canyon. D'ici, le **train** rejoint Grand Canyon Village en 2h15.

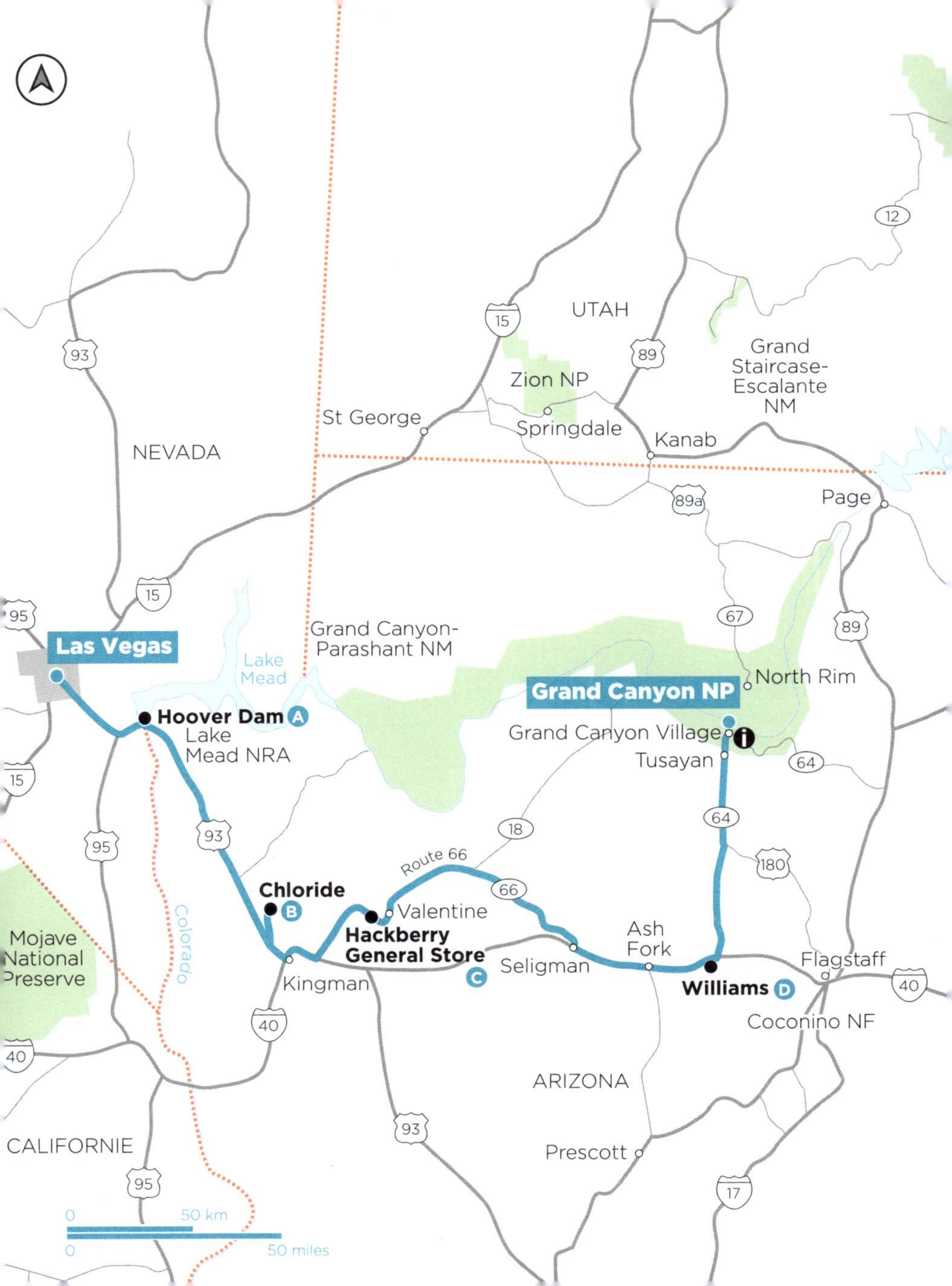

NEVADA
UTAH
ARIZONA
CALIFORNIE
Las Vegas
Hoover Dam A
Lake Mead NRA
Lake Mead
Chloride B
Hackberry General Store
Valentine
Kingman
Seligman C
Ash Fork
Williams D
Flagstaff
Coconino NF
Prescott
Route 66
Grand Canyon NP
Grand Canyon Village
Tusayan
North Rim
Grand Canyon-Parashant NM
St George
Zion NP
Springdale
Kanab
Grand Staircase-Escalante NM
Page
Mojave National Preserve
Colorado
0 50 km
0 50 miles

GRAND CANYON NATIONAL PARK

REJOINDRE GRAND CANYON VILLAGE

En bus : 6h depuis Las Vegas avec Gray Lines. À partir de 100$.
En train : depuis Williams, à bord du Grand Canyon Railway, voyage de 2h15 à travers de très beaux paysages jusqu'à Grand Canyon Village (thetrain.com).
En navette : depuis Tusayan, l'été, navette gratuite jusqu'au Visitor Center (20min).

CONSEILS ET DANGERS

Balade facile de 2-3h le long des sentiers en haut des falaises ou rando de 1-2j au fond du canyon, voire rafting !

Arrivée : mars-sept, avant 9h pour éviter attente au péage et parkings complets.
Malin : laisser votre véhicule à Tusayan et prendre la navette gratuite ; à Williams, monter dans le Grand Canyon Railway. Dans les deux cas, être déjà muni du *pass* du parc.
Saisons : haute saison mars-sept. Printemps et automne parfaits pour randonner.
Dangers : l'été (mai-sept), la **chaleur** au fond du canyon est extrême (33-42°C, jusqu'à 50°C). Le bord du canyon, à plus de 2 000m d'alt., est bien plus frais (d'env. 15°C). Il y a donc des risques d'insolation et de déshydratation en descendant. La **foudre** : l'été, les orages provoquent plus de 2 500 impacts de foudre dans le parc ! Suivez les conseils des rangers. **Baignade** : ne jamais se baigner dans le Colorado (courant fort et eau glaciale).

INFOS PRATIQUES

Seule la rive sud (South Rim) est traitée dans ce guide. C'est la plus fréquentée mais la plus accessible.

Ouverture : toute l'année.
Tarifs : 35$ (7 j.) ; inclus dans le *pass* America the Beautiful.
Péage : South Entrance Station, Desert View Entrance Station. Achat possible en ligne sur yourpassnow.com (*pass* à imprimer ou à télécharger sur Smartphone).
Internet : nps.gov/grca
Visitor Center : Grand Canyon Village, ✆ 928 638 7888. tlj 8h-16h.
Backcountry Information Center : Grand Canyon Village, tlj 8h-12h et 13h-17h.
General Store (supérette) **:** Canyon Village Market. Tlj 6h30/8h (selon saison)-21h (20h oct-mars).
Essence : Desert View. 24h/24.
Transport en commun : navettes gratuites entre les sites majeurs.
Route fermée : Hermit Rd fermée de mars à nov.

BACKCOUNTRY PERMIT

Obligatoire pour camper hors sites officiels

Demande au plus tard le 1er du 4e mois précédant la date du séjour (1er fév pour un séjour en juin, par ex.). Formulaire en ligne à poster ou à faxer. Nombre limité de permis délivrés sur place à la dernière minute.
Tarif : 10$/permis + 12$/pers.
Rens. : nps.gov/grca

Grand Canyon depuis Navajo Point, à l'entrée est du parc

CIRCULER DANS GRAND CANYON

- **Village Route (bleu) :** relie le Visitor Center aux lodges et campings. Tlj 5h-21h45.
- **Kaibab Rim Route (orange) :** connecte le Visitor Center aux principaux sites à l'est (Yavapai, Mather, Yaki Points...). Tlj de 5h à 30min après le coucher du soleil.
- **Hermit Road Route (rouge) :** relie le Village à Hermits Rests à l'ouest (via Hopi, Mohave, Pima Points...). Mars-nov, tlj de 5h à 30 min après le coucher du soleil.
- **À pied :** Rim Trail est un sentier facile au bord du canyon reliant Grand Canyon Village à Hermits Rest à l'ouest et à South Kaibab Trailhead à l'est. Possibilité de prendre une navette gratuite au retour.

HÉBERGEMENT

Réservation indispensable mars-sept, surtout pour le camping (résa 6 mois avant).

- **Camping :** 2 campings dans le Village et 1 à Desert View (*first come, first served*) accessibles aux **camping-cars** (RV) ; 2 campings dans le canyon Indian Garden et Bright Angel (*Backcountry Permit*).
- **Hôtels et lodges :** à Grand Canyon Village, El Tovar Hotel, Bright Angel Lodge, Kachina Lodge et Thunderbird Lodge sont situés au bord du canyon, Maswik Lodge en retrait, et Phantom Ranch (résa via loterie) au fond du canyon. **Grand Canyon Lodges :** grandcanyonlodges.com

GRAND CANYON NATIONAL PARK

Vous ne serez pas seul à Grand Canyon tant cette merveille géologique patiemment sculptée par le Colorado attire les visiteurs. Pour échapper à la foule, partez en randonnée dans le canyon voire passez la nuit au bord des eaux tumultueuses du Colorado !

VISITES ET ACTIVITÉS

- A Mather Point et Visitor Center
- B Rim Trail
- C Yavapai Point
- D Trail of Time
- E Grand Canyon Village
- F Hermit Road
- G Faire du vélo
- H Desert View Rim
- I Descendre dans le canyon (Bright Angel Trail et South Kaibab Trail)
- J Le Grand Canyon à dos de mule

ADRESSES

1. Bright Angel Lodge
2. Desert View Campground
3. Dormir dans le Grand Canyon
4. Canyon Village Deli
5. Restaurant et lounge El Tovar Hotel
6. Maswik Food Court

Mohave Point

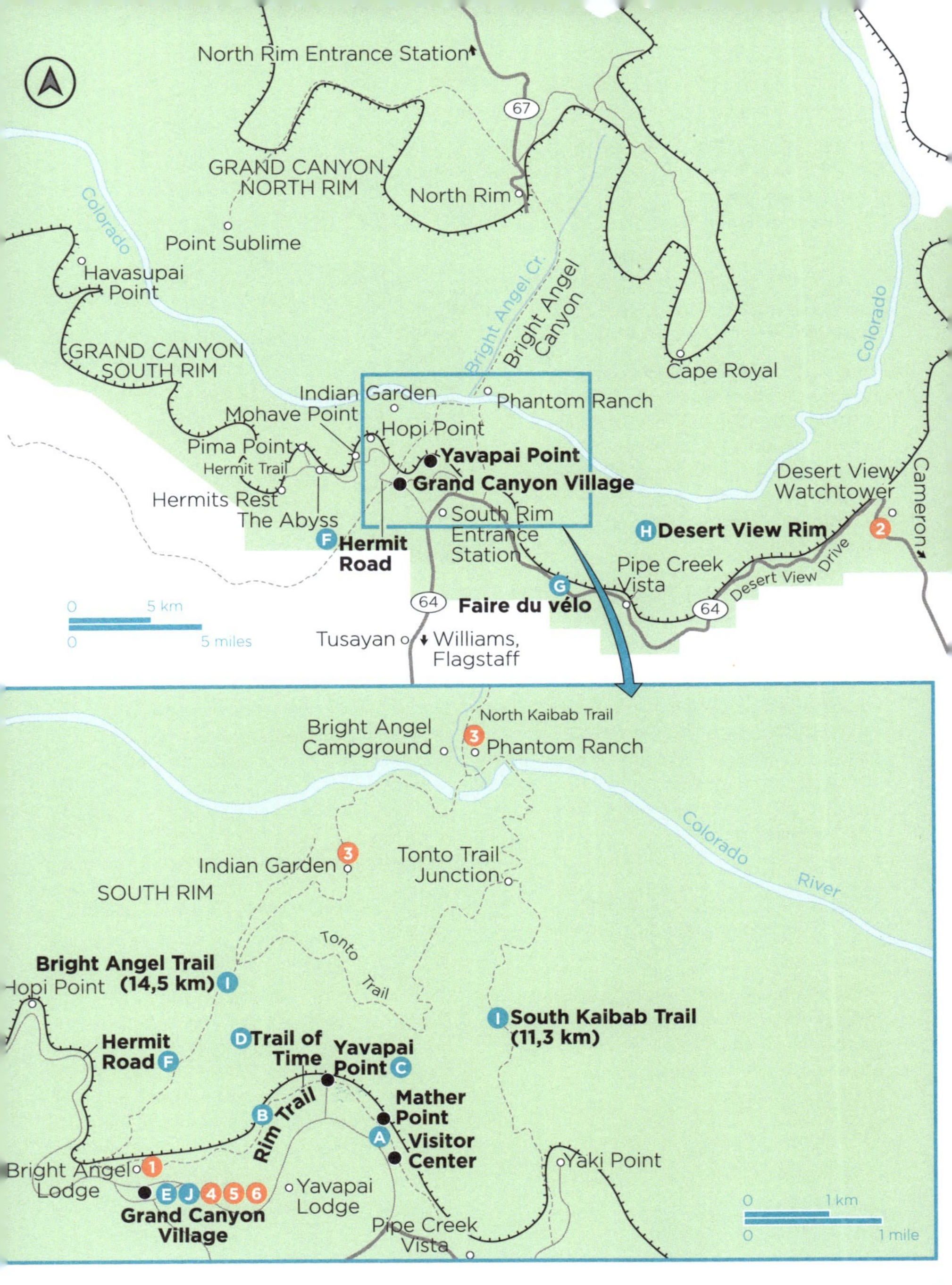
North Rim Entrance Station
67
GRAND CANYON
NORTH RIM
North Rim
Colorado
Point Sublime
Havasupai
Point
Bright Angel Cr.
Bright Angel
Canyon
GRAND CANYON
SOUTH RIM
Cape Royal
Colorado
Indian Garden
Phantom Ranch
Mohave Point
Hopi Point
Pima Point
Yavapai Point
Hermit Trail
Grand Canyon Village
Desert View
Watchtower
Cameron
Hermits Rest
The Abyss
South Rim
Entrance
Station
H Desert View Rim
2
F Hermit
Road
Pipe Creek
Vista
Desert View Drive
G
64
Faire du vélo
64
0 5 km
0 5 miles
Tusayan
Williams,
Flagstaff
North Kaibab Trail
Bright Angel
Campground
3
Phantom Ranch
Colorado
River
3
Indian Garden
Tonto Trail
Junction
SOUTH RIM
Tonto
Trail
Bright Angel Trail
(14,5 km) I
Hopi Point
I South Kaibab Trail
(11,3 km)
Hermit
Road F
D Trail of
Time
Yavapai
Point C
Mather
Point
B
Rim Trail
A Visitor
Center
Bright Angel
Lodge
1
Yaki Point
E J 4 5 6
Grand Canyon
Village
Yavapai
Lodge
Pipe Creek
Vista
0 1 km
0 1 mile

GRAND CANYON NATIONAL PARK VISITES ET ACTIVITÉS

A MATHER POINT ET VISITOR CENTER

South Entrance Rd | Navette (violet) depuis Tusayan

Pour une 1re vue bluffante du canyon, rejoignez **Mather Point,** avant de découvrir le **Visitor Center** : conseils, programme des activités gratuites guidées par les rangers, film *A Journey of Wonder* (20min) donnant un aperçu rapide du canyon, exposition scientifique, mais aussi location de vélos.

Hopi House, Grand Canyon Village

B RIM TRAIL

Facile | Départ : au choix le long de Hermit Rd, Village Loop Dr et Desert View Dr | Connexion avec les navettes

Ce sentier plat et facile de 21km épouse le versant sud du canyon entre **Hermits Rest** et **Yaki Point**, via Grand Canyon Village. Idéal pour découvrir les plus beaux points de vue sur le canyon au cours de promenades modulables pouvant être combinées avec un retour en navette.

C YAVAPAI POINT

À 1km O de Mather Point via Rim Trail

Panorama exceptionnel du canyon permettant d'observer la diversité de ses couches géologiques. Également un **observatoire** et un **musée de Géologie** retraçant l'histoire de la formation du canyon à travers panneaux pédagogiques, modèles et roches.

*| **Yavapai Geology Museum** : tlj | Gratuit.*

D TRAIL OF TIME

Départ du Yavapai Geology Museum

Cette portion du Rim Trail est un **sentier interprétatif** de 4,5km à travers l'histoire géologique du canyon. En partant du musée, on remonte le temps sur pas moins de 2 milliards d'années.

E GRAND CANYON VILLAGE

Cœur historique de Grand Canyon où a commencé l'aventure touristique. Témoins de cette époque : **El Tovar Hotel** (1905), le **Lookout** (1914) – une maison de pierre au bord de la falaise –, **Bright Angel Lodge** (1935) et **Hopi House.** Campings, lodges, poste, general store, boutiques sont réunis ici.

F HERMIT ROAD

À l'O de Grand Canyon Village | 11km | Navette Red Route | Route fermée mars-nov

Cette route panoramique dessert 9 points de vue uniques sur le canyon. **Hopi Point** est génial pour les couchers de soleil ; **Mohave**, **Pima Points** et **The Abyss**, moins visités, sont aussi bluffants. Au bout, **Hermits Rest** (1914), édifice historique, a l'air d'un éboulis de roches pour mieux se fondre dans le paysage.

Vue depuis Mohave Point

G FAIRE DU VÉLO

Bright Angel Bicycles | Parking Visitor Center | bikegrandcanyon.com

Des **pistes cyclables** aux itinéraires plats et paisibles permettent de traverser Grand Canyon Village jusqu'à Pipe Creek Vista et de rallier les points de vue de Hermit Rd, en partie via le Rim Trail.

H DESERT VIEW RIM

Desert View Dr, AZ 64, dir. Cameron | Watch Tower : tlj

Points de vue sublimes : **Moran Point** pour son promontoire au-dessus du canyon ; **Lipan Point** pour ses rapaces ; **Navajo Point** pour la vue sur le Colorado. Avec ses peintures murales créées par Fred Kabotie, la tour d'observation **Desert Watchtower** (1932) honore la culture des Hopis.

Peintures murales de la Desert Watchtower

GRAND CANYON NATIONAL PARK VISITES ET ACTIVITÉS

I DESCENDRE DANS LE CANYON

Bright Angel et South Kaibab Trails | Randonnées de niveau modéré à difficile | 30 et 22km AR | Durée : 2j. | Rens. auprès des rangers

Bright Angel Trail et **South Kaibab Trail** mènent au fond du canyon. Randonnée longue et conditions climatiques rudes, surtout l'été (mai-sept). L'aller-retour doit donc être réalisé sur 2 j. avec nuit au **Bright Angel Campground** (*Backcountry Permit)* ou à **Phantom Ranch** (via loterie), sur la rive nord du Colorado. La traversée du Colorado par une passerelle et la nuit dans l'immensité du canyon sont des moments uniques. Pour une randonnée moins exigeante, prenez Bright Angel Trail jusqu'au camping d'**Indian Garden** (14km AR) où vous pourrez passer la nuit. Ou jusqu'à **3-Mile-Resthouse** pour profiter de la vue dans le canyon, puis retour (9,5km AR).

J LE GRAND CANYON À DOS DE MULE

"Pour découvrir Grand Canyon autrement, rien de tel qu'une balade à dos de mule (3h), façon cow-boy, le long du canyon (Rim Tour) ! La monture au pied très sûr pourra aussi mener les plus aventuriers au fond du canyon, le long du Bright Angel Trail, pour une nuit à Phantom Ranch."

| grandcanyonlodges.com
| Tlj, deux départs par jour
| Interdit - 9 ans ou - 145 cm
| Payant.

Vue depuis le Bright Angel Trail

GRAND CANYON NATIONAL PARK HÉBERGEMENTS ET RESTOS

1 BRIGHT ANGEL LODGE
Grand Canyon Village

- Monument historique tout en rondins et en pierres.
- Chambres basiques et coquets bungalows le long de Rim Trail avec une vue magique!

| *75-147$ (sdb privées ou non); Cabins 246$.*

2 DESERT VIEW CAMPGROUND
Resa oblig. : recreation.gov

- À l'est, loin de la foule de Grand Canyon Village.
- Petit camping *roots*, à l'ombre des arbres, pour tentes et camping-cars.

| *Mi-avr-mi-oct* | *18$/nuit*
| *Eau potable, toilettes; ni douches ni électricité.*

3 DORMIR DANS LE GRAND CANYON

Le petit camping d'**Indian Garden** est le plus rapide d'accès depuis la rive sud (8km); **Bright Angel** (16km), sur la rive nord après avoir passé le Colorado, est le plus demandé. Les 2 disposent d'une station de rangers, de toilettes et d'eau potable. 500m plus haut, **Phantom Ranch** et ses *cabins* (2-10 pers.) offrent tout le confort au cœur de Grand Canyon!

| ***Camping**: Backcountry Permit obligatoire* | ***Phantom Ranch**: résa via loterie* | *grandcanyonlodges.com*

4 CANYON VILLAGE MARKET & DELI
Grand Canyon Village

- Vivres et équipements pour partir randonner.
- Sandwichs, plats à emporter, soupes, épicerie à prix doux.

| *Tlj 7h-14h.*

5 RESTAURANT ET LOUNGE EL TOVAR HOTEL
Grand Canyon Village

"Cet hôtel cossu tout au bord du canyon propose une célèbre table gourmande où déguster des spécialités du Sud-Ouest américain, et un lounge à la vue spectaculaire pour grignoter et boire un verre."

| ***Restaurant**: tlj 6h-10h, 11h-14h30, 16h30-21h30* | *plats 15-50$, salades 10-13$, sandwichs 15-16$* | *résa conseillée très longtemps à l'avance.*
| ***Lounge**: tlj 11h-21h30* | *Plat 7-18$.*

6 MASWIK FOOD COURT
Village Loop Dr, Grand Canyon Vill.

- *Food court* avec comptoirs pizzas, burgers, sandwichs.
- Pour un petit déjeuner copieux, un déjeuner à emporter ou un dîner assis.

| *Tlj 6h-20h* | *Pizzas 19-30$.*

TRAJET DE GRAND CANYON À MONUMENT VALLEY

- **Trajet en voiture : 280km/175miles (3h10 sans les arrêts).**
- **Pour tout savoir sur le territoire navajo : discovernavajo.com**
- **Attention, 9h à Grand Canyon = 10h à Monument Valley.**

Canyon de Tsegi, Navajo National Monument

A CAMERON

Cet ancien village de colons planté en territoire navajo a conservé son pont suspendu sur le Little Colorado et son Trading Post de 1916, spécialisé dans la cuisine et l'artisanat amérindiens.

B TUBA CITY

Créée en 1872 par les mormons, Tuba City est devenue la plus grande communauté navajo du pays ! Son Trading Post propose de l'artisanat et un musée sur les *code talkers*, ces Navajos utilisés pendant la Seconde Guerre mondiale pour coder les communications. À l'arrière, le musée interactif **Explore Navajo** présente la culture navajo à travers la langue, l'histoire, la terre et les cérémonies.

| ***Explore Navajo** : lun-ven (+sam en été)* | *Payant*

C NAVAJO NATIONAL MONUMENT

Visitor Center à 48km O de Kayenta par les routes 160 et 564 | *Gratuit*

Découverts par les Navajos, les magnifiques vestiges des trois **villages anasazis** de Betatakin, Keet Seel et Inscription House, tous bâtis dans d'immenses alcôves naturelles du canyon de Tsegi, se découvrent lors de visites guidées par des rangers. Seul Betatakin peut aussi s'observer à distance, avec jumelles, depuis le point de vue du Sandal Trail.

| ***Villages anasazis** : vis. guid. fin mai-début sept, sam-dim à 6h* | *3-5h AR.*

1 AMIGO CAFE

US 163, Kayenta

- Resto familial de cuisine tex mex et navajo : tacos, *chile rellenos, navajo burger, frybread*, etc.

| *amigocafekayenta.com*
| *Mar-sam 11h-20h* | *Plats 10-15$.*

Powell Point
Cannonville
Bryce Canyon NP
UTAH
Lake Powell
Rainbow Bridge NM
Monument Valley Navajo Tribal Park
Page
163
Jacob Lake
C Navajo NM
160
Kayenta
1
564
98
Colorado
89
67
ARIZONA
North Rim
Pays navajo
B Tuba City
Grand Canyon NP
89
64
Tusayan
Cameron A
Territoire hopi
64
Wupatki NM
Mount Humphreys
Sunset Crater Volcano NM
0
25 km
0
25 miles

MONUMENT VALLEY NAVAJO TRIBAL PARK

REJOINDRE MONUMENT VALLEY ET S'Y DÉPLACER

- **En voiture :** via US 160, US 163 à partir de Kayenta et Indian Route 42 (Monument Valley Rd).
Pas d'accès en transports en commun.
- **Sur place :** boucle de 27km sur Valley Drive en voiture uniquement (camping-cars interdit ; compter 2h30). C'est une piste parfois non praticable (sable, boue...) ; se renseigner au Visitor Center. Sinon, réserver une excursion en 4x4, qui permet aussi d'atteindre des zones interdites aux individuels (bien se mettre d'accord sur les zones explorées, notamment la Mystery Valley).
- **Randonnées à cheval** également.

INFOS PRATIQUES

Monument Valley est géré par la nation navajo et donc indépendant du réseau National Park Service

Ouverture : avr-sept tlj 7h-18h, oct-mars tlj 8h-16h.
Tarifs : 8$/pers.
Péage : sur Indian Route 42,5km après intersection avec US 163.
Internet : navajonationparks.org
Visitor Center : à l'entrée du parc, 1km après le péage ✆ 435 727 5870. Bureau du **Backcountry information**.
General Store (supérette) : Goulding's Grocery Store, Indian Route 42, à côté de Goulding's Lodge. Tlj 7h-21h.
Essence : à côté de Goulding's Lodge.

CONSEILS

- **Meilleure saison :** avr-mai et sept-oct, météo et fréquentation idéales **pour profiter pleinement du parc**.
- **Législation :** les lois navajos s'appliquent sur le territoire de la réserve. Il est interdit d'escalader buttes et mesas, et de posséder ou de consommer de l'alcool.
- **Horaires :** Monument Valley suit l'horaire de l'Utah en été et celui de l'Arizona en hiver.
- **Photo :** profiter des lumières du matin et du soir pour les couleurs sur les roches.

RÉSERVATIONS

- **Hébergement :** réservation ssentielle avr-oct, surtout à l'intérieur du parc (résa 6 mois à l'avance conseillée).
- **Visites guidées et excursions :** indispensable avr-sept. Les compagnies assurant les excursions en 4x4 et les sorties à cheval sont sur le parking du Visitor Center.
- **Backcountry Permit :** permis obligatoire pour randonner (hors Valley Drive) et camper hors campings officiels.

West Mitten Butte

MONUMENT VALLEY NAVAJO TRIBAL PARK

Aller à Monument Valley, en territoire navajo, c'est entrer dans la légende tant ses célèbres roches isolées sur un plateau aride font partie de l'imaginaire collectif. À cheval, façon John Wayne, ou en Jeep, guidé par les Indiens, rendez-vous avec le mythe…

Vue générale depuis Hunts Mesa, au sud du parc

VISITES ET ACTIVITÉS

- A Goulding's Museum
- B Wildcat Trail
- C Valley Drive
- D Balade à cheval
- E Mystery Valley

HÉBERGEMENTS ET RESTOS

1. Goulding's Lodge
2. The View Hotel
3. The View Restaurant
4. Swingin' Steak Barbecue

Mexican Hat 4
UTAH
163
The Eagle
The Setting Hen
Eagle Mesa
Navajo Route 18
Sentinel Mesa
1
Goulding's Museum A
Wildcat Trail B
42
Entrance
West Mitten Butte
East Mitten Butte
Visitor Center
D Balade à cheval
2 3
Merrick Butte
Valley Drive
163
Mitchell Mesa
John Ford's Point
C
Elephant Butte
Camel Butte
Spearhead Mesa
Three Sisters
Cly Butte
Pueblo Mesa
Rain God Mesa
MONUMENT VALLEY NAVAJO TRIBAL PARK
E
Mystery Valley
ARIZONA
0 2 km
0 2 miles

MONUMENT VALLEY NAVAJO TRIBAL PARK VISITES ET ACTIVITÉS

A GOULDING'S MUSEUM

Indian Route 42 | gouldings.com | Payant

Ce comptoir d'échange, fondé dans les années 1920 par les Goulding pour faire du troc avec les Navajos, est aujourd'hui un **musée de souvenirs** où on visite la boutique, l'entrepôt, le salon et la salle des tournages évoquant les films tournés dans la vallée, dont *Stagecoach,* avec John Wayne.

B WILDCAT TRAIL

Départ du Visitor Center | Difficulté modérée | 6,5km | 2-3h

Envie de toucher le mythe ? Le Wildcat Trail, seul sentier de randonnée accessible sans guide, mène au pied des légendaires **West Mitten, East Mitten** et **Merrick Buttes,** les buttes les plus célèbres du parc. Ne manque plus que la silhouette de John Wayne ! Encore plus magique au soleil couchant.

C VALLEY DRIVE

1re à g. après le péage | 27km | 2h30 (arrêts compris) | Interdit aux camping-cars

Cette boucle serpente à travers le parc entre les célèbres mesas et buttes qui ont fait la légende du Wild West. Le parcours débute avec la masse grandiose de **Mitchell Mesa** (2000m alt.), puis, sur la g., défilent en cinémascope les 3 massifs stars, **Elephant** et **Camel Buttes** aux profils animaliers, sans manquer **John Ford's Point**, point de vue magique en l'honneur du réalisateur de *Fort Apache* (1949).

D BALADE À CHEVAL

Avec Sacred Monument Tours ou Roy Black's Guided Tours

"Découvrir Monument Valley à cheval, tel un Navajo, est un moment inoubliable. Des agences proposent des balades *(payantes)* de 1 à 3h au pied des buttes, avec un guide navajo."

| https://navajonationparks.org

E MYSTERY VALLEY

*Visite guidée obligatoire avec **Dineh Bekeyah Tours** : dinehbekeyahtours.com | 4 départs par jour | 3h-3h30 | Payant*

Pour sortir des sentiers battus et s'initier à la **culture navajo,** la visite guidée de Mystery Valley est un must : rencontre avec des autochtones dans leur vie quotidienne, visite d'habitats primitifs, découverte de pétroglyphes, de grottes et d'arches géantes, visite d'un *hogan* (maison traditionnelle)...

John Ford's Point

MONUMENT VALLEY NAVAJO TRIBAL PARK HÉBERGEMENTS ET RESTOS

1 GOULDING'S LODGE

- En dehors du parc, chambres modernes avec balcon.
- Très belle vue sur les mesas et les buttes de la vallée.

| Indian Route 42, à 3km de l'intersection avec US 163 | gouldings.com | 90-250$.

2 THE VIEW HOTEL

À côté du Visitor Center

"Face aux buttes mythiques, il n'y a pas de meilleur endroit que The View où s'endormir à Monument Valley... L'hôtel offre 95 chambres, toutes avec vue sur la vallée. Les *cabins*, avec balcon sur West Mitten, East Mitten et Merrick Buttes, offrent une expérience plus sensationnelle encore !"

| monumentvalleyview.com | Hôtel 120-300$, cabins 200-300$ | Résa au moins 6 mois à l'avance.

The View Hotel

3 THE VIEW RESTAURANT

Dans l'hôtel The View

"Face aux 3 buttes, le restaurant de l'hôtel propose des spécialités navajos : ragoût de chilis verts, taco navajo, *fry bread*."

| Lun-jeu 17h-30-22h, ven-sam 17h-23h, dim 10h-13h30 et 17h30-22h | Plats 13-17$ | Pas d'alcool.

4 SWINGIN' STEAK BARBECUE

Dans le Mexican Hat Lodge, US163, Main Ave (après la station-service Shell)

- Spécialités de steaks au grill accompagnés de pinto beans, classiques de la cuisine mexicaine.
- Dans un cadre façon "campement dans le Far West".

| Mars-oct tlj 18h-22h (horaires variables selon météo) | Hamburger Steak 18$, Ribeye 68$.

TRAJET DE MONUMENT VALLEY À BRYCE CANYON

- **Trajet de 440km/274miles (5h).**
- **Prévoir 1 journée pour profiter des sites sur le trajet, et donc 1 nuit à Page ou à Kanab (voir page suivante).**
- **Réserver la visite d'Antelope Canyon.**

A ANTELOPE CANYON NAVAJO TRIBAL PARK

Visite via agence uniquement | Résa longtemps à l'avance en saison | Payant

Situé en territoire navajo, pour lesquels il est sacré, Antelope Canyon est constitué de deux gorges étroites aux parois de grès rouge sculptées par les pluies et le vent. Des deux sites, **Upper Canyon** est le plus facile d'accès, mais aussi le plus fréquenté. **Lower Canyon,** faille invisible depuis la surface, est d'un accès plus sportif et très étroit, ce qui en fait une expérience plus authentique. Bien prévoir votre excursion.
| navajonationparks.org

B LAKE POWELL

lakepowell.com

Les eaux vert foncé contre le grès rouge, les 3 150km de côtes et les nombreuses baies du lac Powell se découvrent en bateau, kayak ou paddle *(payants)* depuis les marinas de Wahweap et d'Antelope Point. Le **barrage de Glen Canyon** (1966) offre une vue inoubliable sur le lac d'un côté et, de l'autre, sur le Colorado 200m plus bas. La visite guidée, passionnante, mène jusqu'à la salle des turbines.
*| **Glen Canyon Dam**: 4km N via US 89 | Pas de visite jusqu'à nouvel ordre.*

Antelope Canyon

1 BIG JOHN'S TEXAS BBQ

153 S Lake Powell Blvd, Page

- Fumoirs à viande, nappes à carreaux et ambiance country pour ce barbecue texan en plein Arizona.
- Concerts en été.

| Tlj 11h-21h | Chopped BBQ Sandwich 11,50$, Pulled pork with BBQ sauce 24,50$.

Horseshoe Bend

C HORSESHOE BEND

Plateforme d'observation à 7,5km de Page, par la US89 | Parking payant

Avec sa forme de fer à cheval et son promontoire rocheux avançant comme un navire, ce méandre du Colorado est le plus célèbre de tous. Le **panorama** sur Horseshoe Bend est sublime !

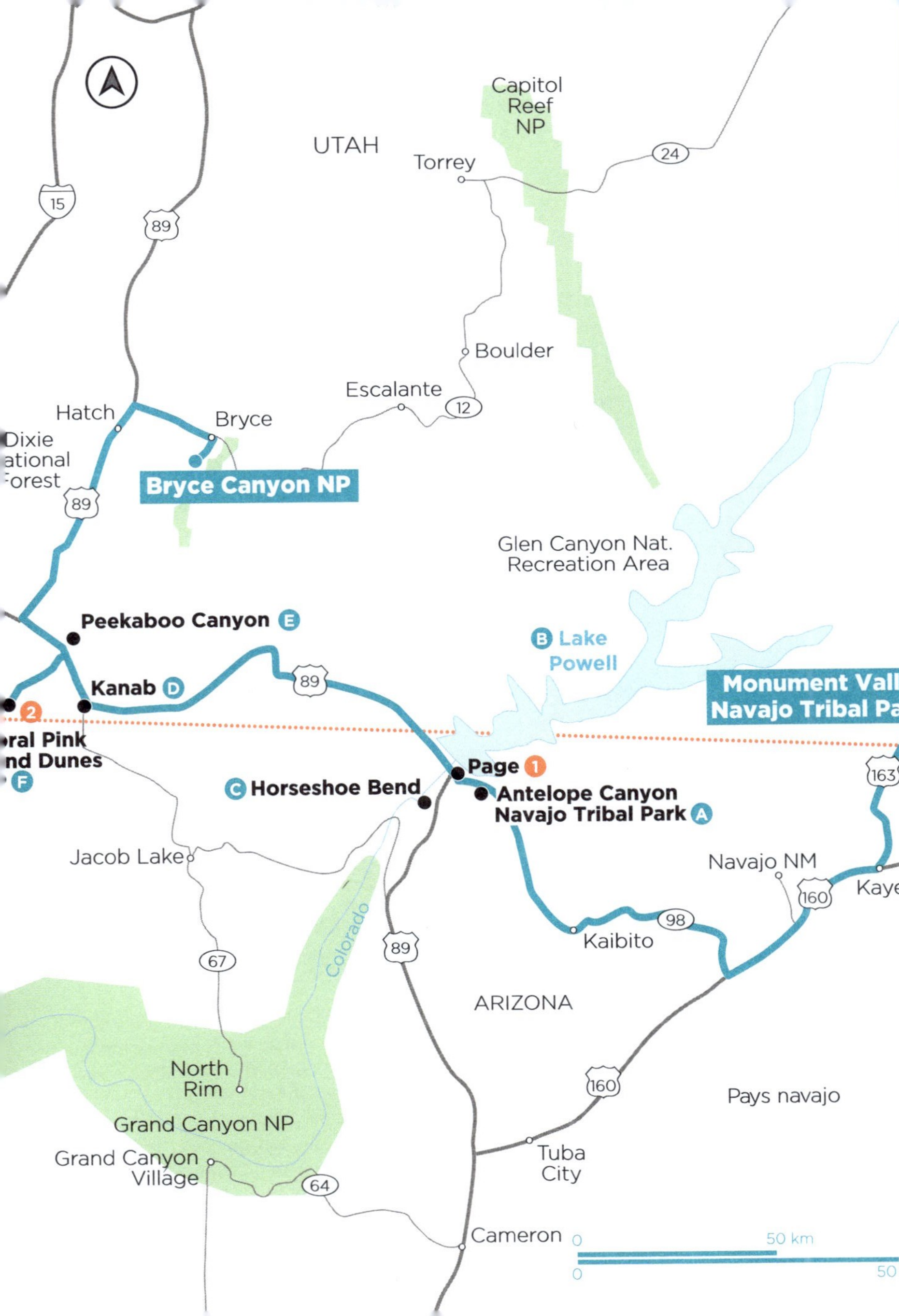

Capitol
Reef
NP
UTAH
Torrey
24
15
89
Boulder
Escalante
12
Hatch
Bryce
Dixie
ational
orest
Bryce Canyon NP
89
Glen Canyon Nat.
Recreation Area
Peekaboo Canyon E
B Lake
Powell
Kanab D
89
Monument Valley
Navajo Tribal Park
2
ral Pink
nd Dunes
F
Page 1
C Horseshoe Bend
Antelope Canyon
Navajo Tribal Park A
163
Jacob Lake
Navajo NM
Kayenta
160
98
Kaibito
67
Colorado
89
ARIZONA
North
Rim
160
Pays navajo
Grand Canyon NP
Grand Canyon
Village
Tuba
City
64
Cameron
0
50 km
0
50 miles

D KANAB

120km O de Page via US 89

Fondée en 1870 au bord de Kanab Creek, l'un des affluents du Colorado, Kanab est une oasis de verdure au milieu d'un plateau désertique cerné de buttes rouges. Ville-étape sur la route des parcs de Zion, Bryce ou Grand Canyon, l'ex-capitale du *Little Hollywood* a fait les grandes heures du western, friand de ses décors naturels de canyons et de déserts. Une histoire à découvrir au **Little Hollywood Movie Museum.**

| ***LH Movie Museum** : 297 W Center St* | *littlehollywoodmuseum.org* | *Gratuit.*

2 PEEKABOO CANYON WOOD FIRED KITCHEN

- Resto végétarien.
- Délicieuses pizzas artisanales au feu de bois, burgers et bières d'Utah.

| *233 W Center St, Kanab* | *peekabookitchen.com* | *Mar-sam 12h-21h* | *Plats 15-20$.*

Coral Pink Sand Dunes

E PEEKABOO CANYON

14km N via US 89, puis 5km à pied ou en 4x4

Ceux qui auraient manqué Antelope Canyon pourront se rattraper avec ce *slot canyon* libre d'accès dont les parois de grès rouges sont presque aussi magiques... et bien moins fréquentées !

F CORAL PINK SAND DUNES STATE PARK

À 33km O de Kanab par la US 89 et la SR 43

| *Payant* | *Location* sandboard *et quad au Visitor Center*

À plus de 1800m d'altitude, ce mini-Sahara de sable rosé est le résultat de l'érosion du grès navajo que le vent, accéléré par le goulot d'étranglement créé par les montagnes de Moquith et Mocassin, dépose en dunes majestueuses sur plus de 13km^2. Un vrai terrain de jeux pour les amateurs de *sandboarding*, les as du volant nostalgiques du Paris-Dakar et les randonneurs façon Théodore Monod, mais sans chameaux.

Peekaboo Canyon

BRYCE CANYON NATIONAL PARK

REJOINDRE BRYCE CANYON

En voiture : via UT 89 via Mount Carmel Junction, UT 12 et UT 63.

• **De Bryce Canyon, le parc national de Capitol Reef (p.172, dans le circuit 2) est à seulement 200km via la Scenic Byway 12.**

CONSEILS ET DANGERS

Meilleure lumière le matin ou le soir juste avant le coucher du soleil

Meilleure saison : l'été (surtout juin et sept), températures clémentes (23-27 °C), mais orages fréquents. Pour découvrir le canyon sous la neige, déc-fév est la meilleure période (températures en dessous de -3 °C).
Parking : parkings gratuits au Visitor Center, aux campings et lodges du parc pour leurs résidents, et à chaque point de vue (nombre de places limité au S de Bryce Point).
Dangers : Bryce Canyon est situé à 2 400-2 700m d'altitude, l'été, la chaleur est tout à fait tolérable le jour, mais la nuit peut être très froide. Seul danger de la période estivale, les orages, la **foudre** et les épisodes de pluies, courts mais violents. Suivez bien les conseils des rangers.

INFOS PRATIQUES

Randos de 1h à la journée, avec points de vue sur les formations géologiques

Ouverture : toute l'année.
Tarifs : 35$ (7 j.) ; inclus dans le *pass* America the Beautiful.
Péage : sur UT 63, à 6km de l'intersection avec UT 12 (après le village de Bryce).
Internet : nps.gov/brca
Visitor Center : UT 63, à l'entrée du parc, au niveau du péage ✆ 435 834 5322. Tlj, mai-sept 8h-20h, avr et oct 8h-18h, nov-mars 8h-16h30. Musée sur la faune et la géologie, film sur le parc, livres et cartes topographiques. Demander le *Hoodoo*, un magazine, en français, avec les randos à la journée.
Wilderness Desk : au Visitor Center.
General Store (supérette) : Rubys' Inn (à Bryce ; tlj 7h-21h) ; North Campground (dans le parc ; avr-oct tlj 9h-17h, jusqu'à 20h en été).
Essence : station à Bryce.
Transport en commun : Bryce Canyon Shuttle (voir ci-contre).

BACKCOUNTRY PERMIT

Obligatoire pour les randonnées de plus de 1 journée avec nuit en camping hors sites officiels.

Demande au Wilderness Desk, la veille ou à 9h le jour du départ (résa possible 48h à l'avance). **Tarif** : 10$/permis + 5$/pers. Rens. : Wilderness Desk (Visitor Center). Possibilité de **réserver un permis trois mois à l'avance** pour la haute saison sur : recreation.gov

Thor's Hammer, dans le Bryce Amphitheater

SE DÉPLACER

Bryce Canyon Shuttle: navette gratuite desservant les sites du parc entre Ruby's Inn et Bryce Point. D'avr à mi-mai et oct, tlj 8h-18h ; de mi-mai à sept tlj 8h-20h.
Excursions: plusieurs prestataire sur nps.gov/brca (Commercial Tours and Services).
En voiture: autorisée toute l'année sur Rim Rd Scenic Dr. Très utile pour visiter les points de vue au sud du parc non desservis par Bryce Canyon Shuttle.
À vélo: piste cyclable (8km ; facile) du parking des navettes à Inspiration Point.

HÉBERGEMENT

Réservation: essentielle mai-oct pour campings et hôtels.
• **Camping:** 2 campings seulement dans le parc de Bryce Canyon, à l'entrée du parc, accessibles aux camping-cars (résa jusqu'à 6 mois à l'avance sur recreation.gov) ; 1 autre à Bryce (Ruby's Inn Campground, brycecanyoncampgrounds.com).
• **Hôtel et lodge:** The Lodge at Bryce Canyon est le seul hôtel dans le parc (résa 4 mois à l'avance sur brycecanyonforever.com).

BRYCE CANYON NATIONAL PARK

À plus de 2400m d'altitude, Bryce Canyon est un vaste amphithéâtre taillé dans le plateau calcaire de Paunsaugunt, que l'érosion a sculpté en une forêt de cheminées de fées, les *hoodoos*. Sous le soleil levant ou couchant, elles offrent une palette de tons infinie.

VISITES ET ACTIVITÉS

- A Bryce Canyon Scenic Drive
- B Fairyland Point
- C Bryce Amphitheater
- D Sortie en raquettes
- E À cheval dans le canyon
- F Farview Point
- G Natural Bridge Overlook
- H Balade au clair de lune
- I Rainbow et Yovimpa Points

HÉBERGEMENTS ET RESTOS

1. Bryce Canyon Pines
2. Best Western Bryce Canyon Grand Hotel
3. Sunset Campground
4. North Campground
5. The Lodge at Bryce Canyon

Bryce Canyon au crépuscule

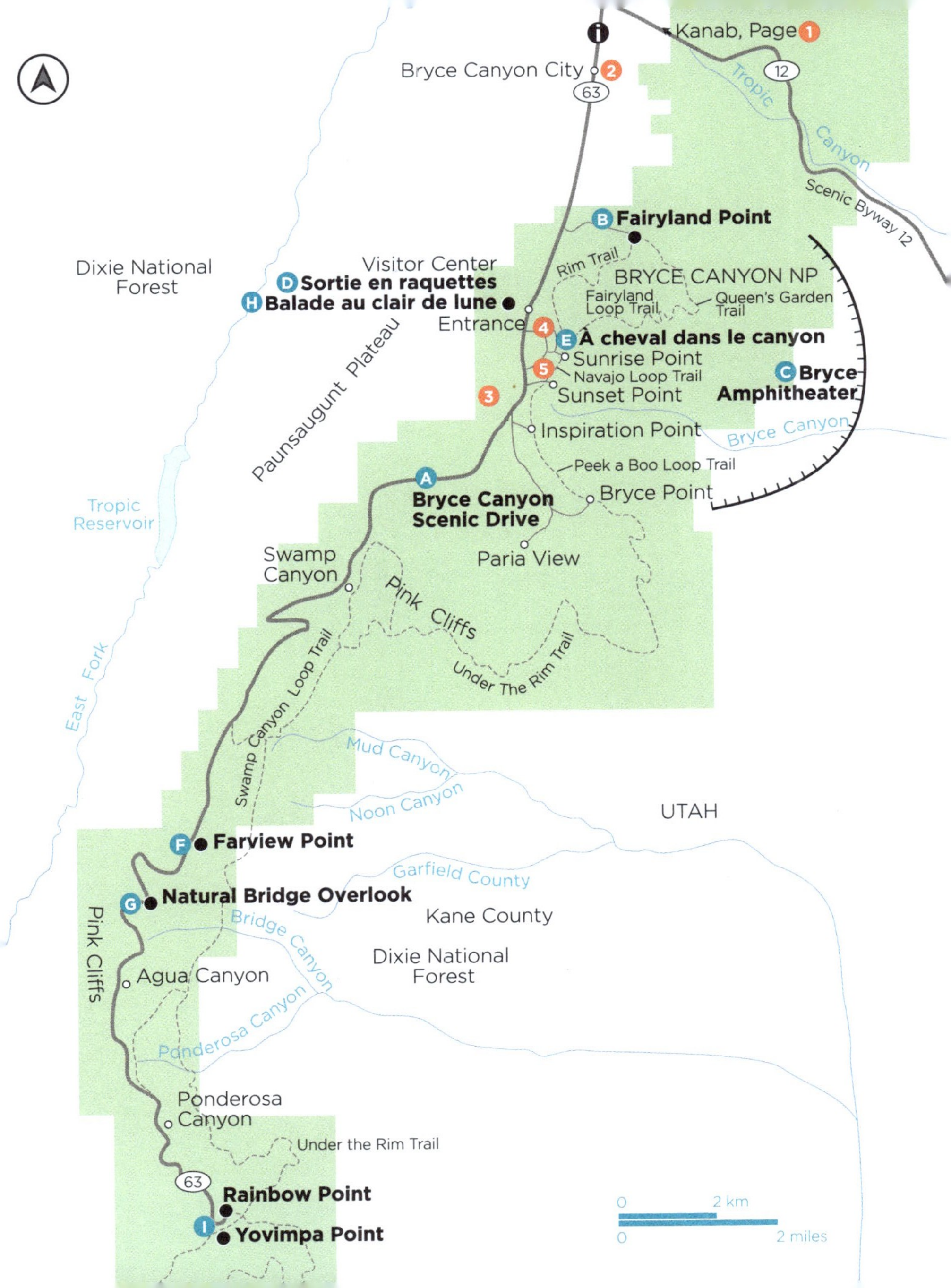

Kanab, Page 1
Bryce Canyon City 2
63
12
Tropic Canyon
Scenic Byway 12
B Fairyland Point
Rim Trail
BRYCE CANYON NP
Fairyland Loop Trail
Queen's Garden Trail
Visitor Center
D Sortie en raquettes
H Balade au clair de lune
Dixie National Forest
Entrance
4
E À cheval dans le canyon
Sunrise Point
5
Navajo Loop Trail
Sunset Point
3
C Bryce Amphitheater
Paunsaugunt Plateau
Inspiration Point
Bryce Canyon
Peek a Boo Loop Trail
A
Bryce Canyon Scenic Drive
Bryce Point
Tropic Reservoir
Paria View
Swamp Canyon
Pink Cliffs
Under The Rim Trail
East Fork
Swamp Canyon Loop Trail
Mud Canyon
Noon Canyon
UTAH
F Farview Point
Garfield County
G Natural Bridge Overlook
Kane County
Bridge Canyon
Pink Cliffs
Agua Canyon
Dixie National Forest
Ponderosa Canyon
Ponderosa Canyon
Under the Rim Trail
63
Rainbow Point
I Yovimpa Point
0 2 km
0 2 miles

BRYCE CANYON NATIONAL PARK VISITES ET ACTIVITÉS

A BRYCE CANYON SCENIC DRIVE

UT 63 | En véhicule privé ou navette

Cette **route panoramique** (33km) sur le haut plateau de Paunsaugunt (2500m) est la voie d'accès royale à tous les points de vue aménagés sur le canyon, de Fairyland Point au N à Rainbow Point au S.

B FAIRYLAND POINT

Bryce Canyon Scenic Dr, avant l'entrée du parc sur la g.

Ce belvédère offre un bel avant-goût du "royaume féerique" qui attend le visiteur ! Ici, les aiguilles des *hoodoos* s'élèvent à portée de main dans une symphonie de roses, de rouges et d'ocres piquée du vert des pins. À gauche, **Fairyland Loop Trail**, circuit en boucle au fond du canyon, mène à des curiosités naturelles – Tower Bridge, Chinese Wall – via une forêt de *hoodoos* géants, puis regagne la rive à Sunrise Point.

*| **Fairyland Loop Trail :** niveau difficile | 13km | Dénivelé 700m | 4-5h.*

C BRYCE AMPHITHEATER

*En véhicule privé ou navette | **Rim Trail :** facile | 21km | 1-8h | **Navajo Loop Trail :** niveau modéré | 2,1km | 1-2h*

C'est depuis Bryce Point (au sud), l'un des points de vue les plus élevés du parc, que l'on perçoit le mieux la forme de fer à cheval du grand amphithéâtre de Bryce, l'épicentre du parc. Deux options pour le découvrir : depuis la rive, via les points de vue aménagés au long du **Rim Trail** – **Inspiration Point, Sunset Point** et **Sunrise Point** –, avec la possibilité de sauter dans la navette du parc pour aller d'un point de vue à l'autre ; ou depuis le fond du canyon, au fil de randonnées exigeantes menant au pied des formations rocheuses les plus magiques. De Sunset Point, **Navajo Loop Trail** plonge dans **Silent City**, un labyrinthe de hautes parois marqué par le passage du goulet de Wall Street. On peut ensuite remonter vers la rive via le pont de pierre de **Two Bridges** et le *hoodoo* de **Thor's Hammer**, ou suivre **Queen's Garden Trail** (2,7km) jusqu'à Sunrise Point.

Bryce Amphitheater

À cheval sur Queen's Garden Trail

D SORTIE EN RAQUETTES

Résa le jour même au Visitor Center dès 8h | Nov-mars | Gratuit

Rien de tel qu'une balade en raquettes pour admirer les cheminées de fées sous la neige. Cette sortie au fond du canyon, guidée par un ranger, est l'occasion d'observer de près le rôle du gel et du dégel dans la formation des hautes tours des *hoodoos*.

| Niveau modéré à sportif | 1,6km | 2h | Raquettes fournies

E À CHEVAL DANS LE CANYON

Canyon Trail Rides : canyonrides.com | Avr-oct (résa dès janv) | Payant

Envie d'entrer dans la légende du western façon indien Paiute ou cow-boy ? Rendez-vous au corral de Sunrise Point pour choisir votre monture – cheval ou mule –, avant de partir en excursion (2h ou 1/2 j.) dans Bryce Amphitheater à la découverte de ses plus belles formations rocheuses. *Yee-hah !*

F FARVIEW POINT

Bryce Canyon Scenic Dr, accès en véhicule privé

On vient ici, par beau temps, pour la vue jusqu'au plateau de Kaibab et la rive nord de Grand Canyon. Mais le spectacle est aussi au 1er plan sur la g., où un mince plateau en saillie, privé de son capuchon de roche résistante (une roche grise encore visible au sommet) est en cours de transformation en *hoodoos*.

G NATURAL BRIDGE OVERLOOK

Bryce Canyon Scenic Dr | accès en véhicule privé

Le bleu du ciel, le rouge de la roche, le vert profond des pins à l'arrière-plan... Cette arche n'est pas seulement un point de vue très photogénique, c'est aussi un livre de géologie : ses teintes rouges rappellent la haute teneur en oxydes de fer de la formation de claron, une couche géologique de roches calcaires.

Natural Bridge

BRYCE CANYON NATIONAL PARK VISITES ET ACTIVITÉS

H BALADE AU CLAIR DE LUNE

Inscription payante au Visitor Center, ticket via loterie le jour même | Niveau modéré | 1-3km | 2-3h | Chaussures de randonnée obligatoires

À la pleine lune (1 à 2 nuits consécutives par mois), le jeu d'ombre et de lumière transforme les *hoodoos* en une forêt de silhouettes fantasmagoriques à vous donner la chair de poule ! L'occasion rêvée pour une sortie nocturne dans le canyon guidée par un ranger. L'hiver (nov-mars), l'excursion se fait en raquettes (voir page précédente) ; elle est alors gratuite et sur simple inscription au Visitor Center.

I RAINBOW ET YOVIMPA POINTS

Bryce Canyon Scenic Dr

C'est de **Rainbow Point** que l'on voit le mieux les Pink Cliffs, ces falaises roses dans lesquelles l'érosion a taillé les *hoodoos.* Elles forment la marche la plus haute du Grand Staircase, dont **Yovimpa Point** offre la vue la plus complète. Ce "grand escalier" désigne l'immense empilement géologique descendant en 5° – de la plus récente à la plus ancienne – jusqu'à Grand Canyon. D'ici, balade agréable le long de **Bristlecone Loop** (1,6km ; modéré) à travers la forêt de pins Bristlecone, pour certains vieux de 1800 ans.

Le long de Bristlecone Loop

BRYCE CANYON NATIONAL PARK HÉBERGEMENTS ET RESTOS

1 BRYCE CANYON PINES

Sur UT12, au niveau du mile 10

- Cuisine américaine généreuse : salades, burgers, viandes de qualité et *pies.*
- Adresse familiale depuis 1930, cadre rustique et cosy.

| Mai-oct tlj 7h-21h30, nov-avr tlj 12h-20 | Plats 7-32$.

2 BEST WESTERN BRYCE CANYON GRAND HOTEL

- À Bryce, avant l'entrée du parc, un hôtel moderne de 160 chambres.
- Bon rapport qualité/prix.

| 30 N 100 E, Bryce | bestwestern.com | À partir de 120$, petit déj inclus.

3 SUNSET CAMPGROUND

Dans le parc, à 2,5km du Visitor Center | Résa sur recreation.gov (jusqu'à 6 mois à l'avance)

- 100 emplacements pour tentes et camping-cars. Ombragé.
- Proche des départs de randonnée.

| Ouv mi-avr-oct | Eau potable, toilettes, barbecue et tables de pique-nique ; pas de douches, ni branchement électrique ni vidange pour camping-car | Tente 20$, camping-car 30$.

4 NORTH CAMPGROUND

Au bord du canyon, très proche de Sunrise Point | Résa sur recreation.gov (jusqu'à 6 mois à l'avance)

- 100 emplacements pour tentes et camping-cars.

| Tte l'année | Eau potable, toilettes, barbecue et tables de pique-nique ; pas de branchement électrique ni vidange pour camping-car ; douches et laverie au General Store (3$) | Tente 20$, camping-car 30$.

5 THE LODGE AT BRYCE CANYON

Entre Sunrise Point et Sunset Point

- Un très beau lodge tout en bois et pierre très bien intégré au paysage.
- 70 chambres luxueuses dans le lodge et des *cabins* dans la pinède (proches du canyon).

| brycecanyonforever.com | Avr-nov | Pas de wifi, ni TV | 176-260$, petit déj en supp.

The Lodge at Bryce Canyon

TRAJET DE BRYCE CANYON À ZION

- **Trajet en voiture : 120km/75miles (1h30).**
- **Péage obligatoire de l'entrée du parc de Zion sur Mount Carmel Highway (35$), même si vous ne faites que le traverser.**

A MOUNT CARMEL JUNCTION

Seules deux familles vivent dans ce village-carrefour créé par les mormons (1871). Une halte idéale pour faire le plein d'essence, avaler un morceau ou faire une partie de golf au milieu des montagnes !

1 THUNDERBIRD RESTAURANT

Mount Carmel Junction

- Une institution familiale très cosy fondée en 1931, l'année de l'ouverture de la route de Zion.
- Délicieuse spécialité d'*apple pie.*

| Ven-mar 7h-21h | Plat 14-27$.

Checkerboard Mesa, le long de la Mount Carmel Highway

B MOUNT CARMEL HIGHWAY (SR 9)

De Mount Carmel Junction à Canyon Junction | Péage 21km après Mount Carmel Junction | Traversée du tunnel payante pour les camping-cars

Avec son tracé serpentant à travers un défilé majestueux, cette route panoramique est l'une des plus époustouflantes du pays ! Après le **péage** d'entrée du parc de Zion, pause photo devant **Checkerboard Mesa** (1km), une montagne conique au sommet plat à la surface quadrillée comme un plateau d'échecs. Après 6km, garez votre véhicule (sur la g. avant le tunnel), puis suivez le **Canyon Overlook Trail**, une balade aisée jusqu'à un point de vue stupéfiant sur un bras du Zion Canyon et sur Great Arch, une arche en cours de formation. La traversée du **tunnel** (1,7km), sans éclairage, est une autre expérience en soi...

| Canyon Overlook Trail : 1,5km AR | Départ face au parking.

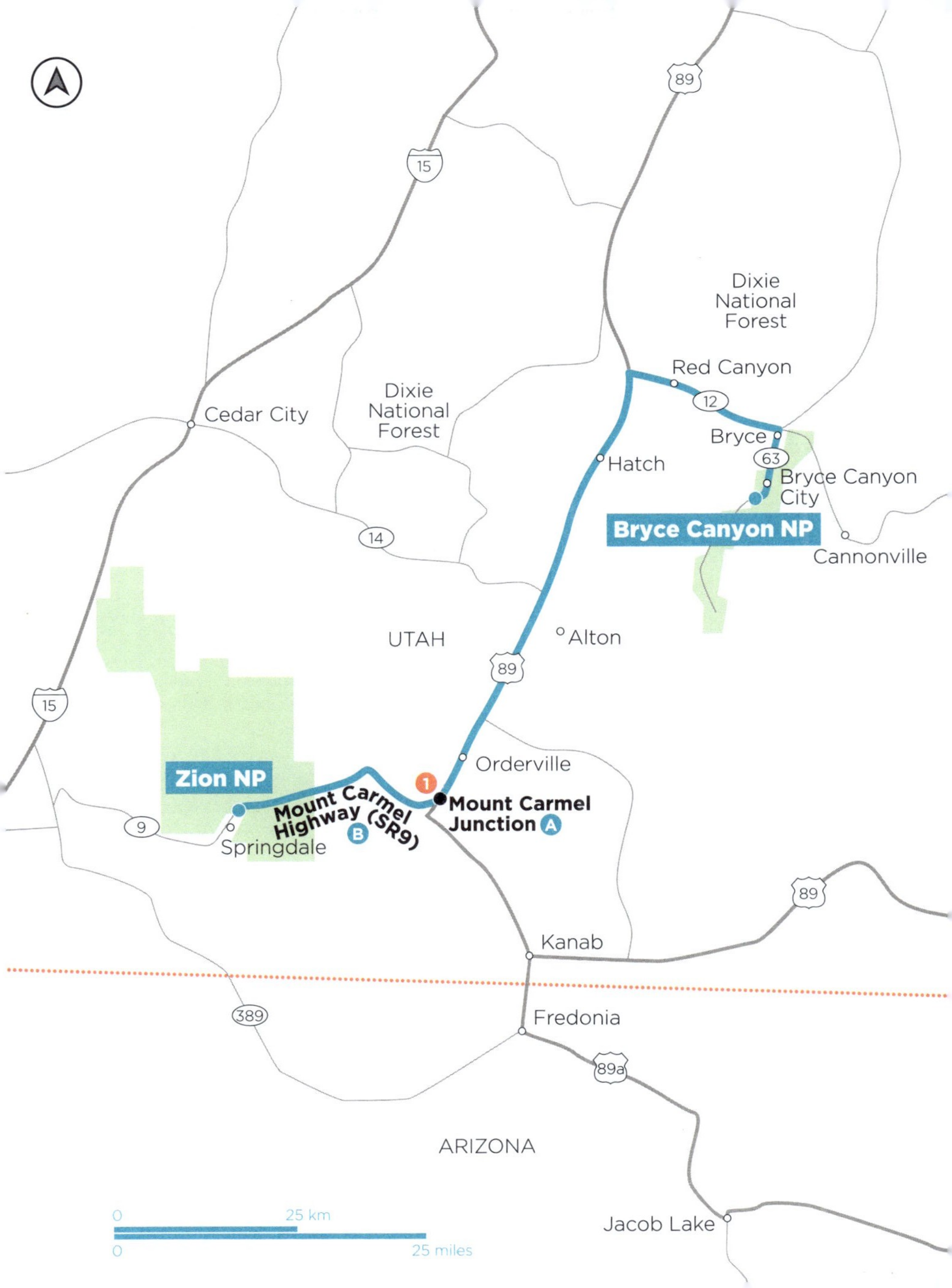
89
15
Dixie
National
Forest
Red Canyon
12
Dixie
National
Forest
Cedar City
Bryce
63
Hatch
Bryce Canyon
City
14
Bryce Canyon NP
Cannonville
UTAH
Alton
89
15
Orderville
Zion NP
1
Mount Carmel
Highway (SR9)
B
Mount Carmel
Junction A
9
Springdale
89
Kanab
389
Fredonia
89a
ARIZONA
0
25 km
0
25 miles
Jacob Lake

ZION NATIONAL PARK

REJOINDRE ZION CANYON

- **En voiture :** via UT 9 depuis Mount Carmel Junction (E) ou Springdale (S).
- **De mars à fin oct, circulation interdite aux véhicules privés sur Zion Canyon Scenic Drive,** il faut emprunter le Zion Canyon Shuttle.

CONSEILS ET DANGERS

Meilleure saison : d'avr à mi-mai et de mi-sept à oct, météo et fréquentation idéales pour profiter pleinement du parc.
Arrivée : de mai à sept, avant 9h pour éviter attente au péage et parkings complets au Visitor Center.
Parking : en haute saison (mai-sept), parking (gratuit) très limité à l'intérieur du parc, au Visitor Center. Laisser sa voiture sur le parking de l'hôtel ou stationner dans l'un des parkings de Springdale (20-25$/j.), puis emprunter les navettes.
Dangers : les **crues subites** *(flash floods)* et l'**hypothermie** sont les 2 grands dangers du canyoning dans les Narrows. L'été (juin-sept), la **chaleur** dans le canyon est très élevée (32-38°C) et peut rapidement provoquer déshydratation et insolation. Mieux vaut randonner très tôt le matin ou en fin de journée et toujours emporter beaucoup d'eau (4 L/pers./j.) ainsi que de la nourriture.

INFOS PRATIQUES

Ouverture : toute l'année.
Tarifs : 35$ (7 j.) ; inclus dans le *pass* America the Beautiful.
Péages : East Entrance Station (UT 9 ; depuis Mount Carmel Junction) ou South Entrance Station (UT 9 ; depuis Springdale). Pour les piétons, péage à l'entrée du parking du Visitor Center.
Internet : nps.gov/zion
Visitor Center : 1re à dr. après le péage sud ✆ 435 772 3256. Tlj 8h-17h (19h juin-août).
Wilderness Desk : au Visitor Center.
General Store (supérette) : aucun magasin dans le parc. À Springdale : Sol Foods Supermarket (tlj 7h-23h).
Essence : Mount Carmel Junction, Springdale, St George et Hurricane.
Transport en commun : navettes gratuites.

RÉSERVATIONS

- **Wilderness Permit :** obligatoire pour les randonnées de plus de 1 j., camping hors site officiel et canyoning. Demande en ligne (nps.gov/zion), au plus tôt 3 mois avant la date du séjour. Nombre limité de permis délivré à la dernière minute. **Tarif :** 5$/permis + 15$/pers. **Renseignements** au Wilderness Desk.
- Réserver la sortie **canyoning**.

Zion Canyon

SE DÉPLACER

Les navettes sont gratuites

En voiture : tte l'année jusqu'au Visitor Center ; nov-fév seulement sur Zion Canyon Scenic Dr. Parking difficile au Visitor Center (arriver avant 10h), parking à Springdale conseillé.
En camping-car : péage pour le tunnel de Mount Carmel et horaires à respecter.
Zion Canyon Shuttle : relie les sites majeurs depuis le Visitor Center. Mi-fév à avr et oct-nov tlj 8h30-21h (6h-21h30 mai-sept).
Springdale Shuttle : relie Springdale au Visitor Center. Mars-avr tlj 7h-20h15 ; mai-sept tlj 7h30-22h.
Summer Shuttle : mi-mai à fin septembre.

HÉBERGEMENT

Réservation essentielle mars-nov pour les campings et les hôtels.
- **Camping :** 2 campings seulement dans Zion Canyon, à l'entrée S du parc (résa 2 semaines à l'avance sur recreation.gov) ; 1 autre à Springdale (Zion Canyon Campground and RV Resort, zioncamp.com).
- **Hôtels et lodges :** Zion Lodge est le seul hébergement situé dans le parc (résa indispensable 8-12 mois à l'avance sur zionlodge.com) ; tous les autres sont à Springdale.

ZION NATIONAL PARK

Des falaises vertigineuses de grès rougeoyant, une rivière tortueuse bordée de pins, de peupliers et de sureaux, des cascades, des grottes, des jardins suspendus… le canyon de Zion est une oasis en plein désert dont la beauté se découvre au fil de randonnées au long cours.

VISITES ET ACTIVITÉS

- A Springdale
- B Visitor Center
- C Zion Human History Museum
- D Zion Canyon Scenic Drive
- E Court of the Patriarchs
- F Emerald Pools
- G Angels Landing
- H Weeping Rock
- I Temple of Sinawava et Riverside Walk
- J Canyoning dans les Narrows

Zion Canyon Shuttle

Virgin River

HÉBERGEMENTS ET RESTOS

1. Flanigan's Inn
2. Porter's Smokehouse and Grill
3. Oscars' Café
4. Watchman Campground et South Campground
5. Zion Lodge

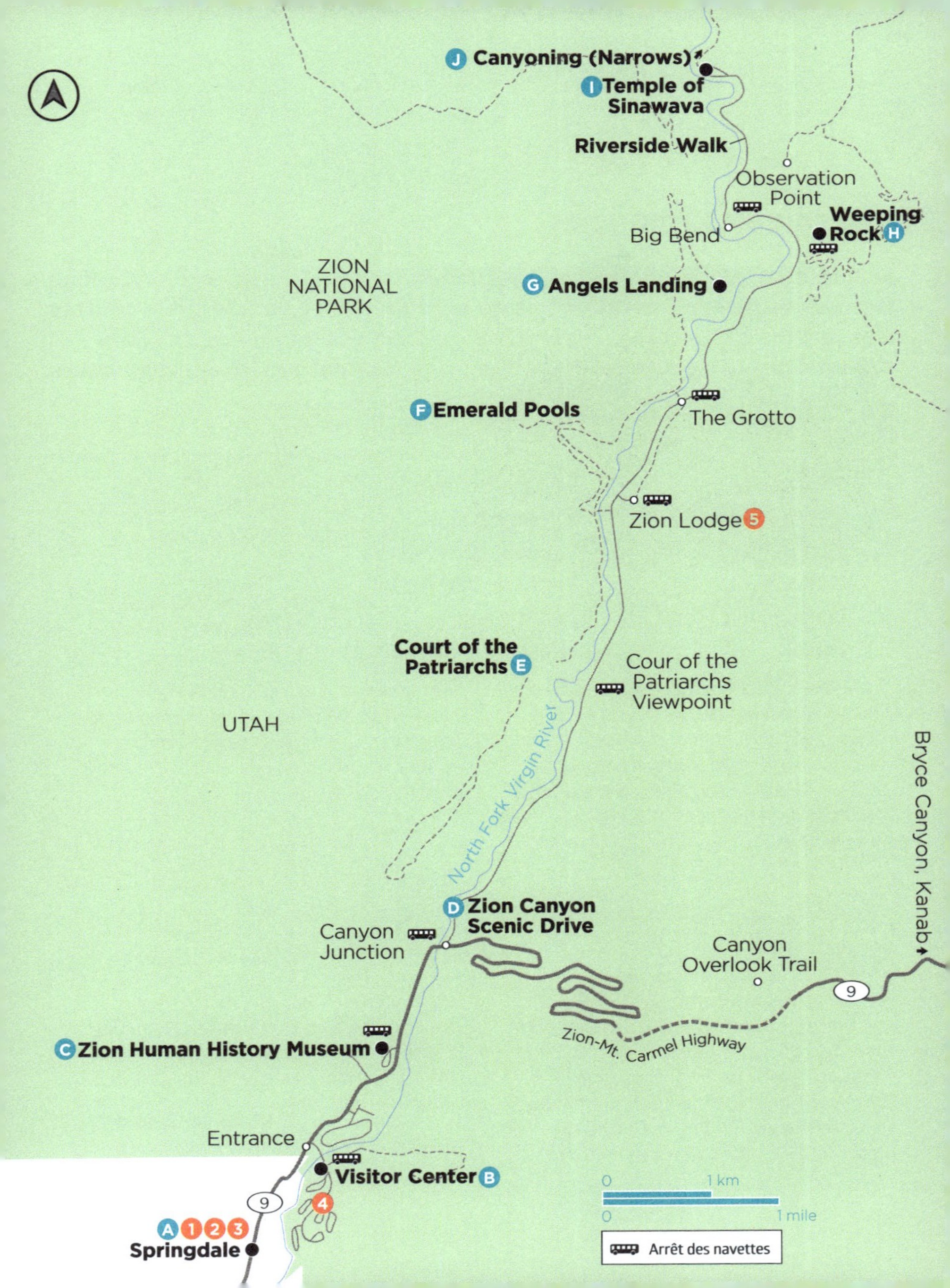

Canyoning (Narrows)
Temple of Sinawava
Riverside Walk
Observation Point
Weeping Rock
Big Bend
ZION NATIONAL PARK
Angels Landing
Emerald Pools
The Grotto
Zion Lodge
Court of the Patriarchs
Cour of the Patriarchs Viewpoint
UTAH
North Fork Virgin River
Bryce Canyon, Kanab
Zion Canyon Scenic Drive
Canyon Junction
Canyon Overlook Trail
9
Zion-Mt. Carmel Highway
Zion Human History Museum
Entrance
Visitor Center
9
Springdale
0
1 km
0
1 mile
Arrêt des navettes

ZION NATIONAL PARK

VISITES ET ACTIVITÉS

A SPRINGDALE

South Entrance Rd

Les possibilités de restauration et de logement dans le parc étant limitées, ce village à l'entrée de Zion est un pôle touristique incontournable : motels, hôtels de luxe, cafés sympas, restaurants et galeries d'art... On s'y délasse en fin de journée face aux falaises de grès rouge et blanc.

B VISITOR CENTER

Zion Park Blvd, Springdale | Gratuit

Ce Visitor Center écolo et parfaitement bien intégré au paysage est un passage obligé pour connaître la météo, se renseigner sur le canyoning dans les Narrows, suivre la visite guidée d'un ranger ou encore piocher cartes de randonnées et beaux livres dans sa grande librairie.

C ZION HUMAN HISTORY MUSEUM

Zion Park Blvd, Springdale | Mars-oct | Gratuit

Des Indiens paiutes aux créateurs du parc en passant par l'arrivée des pionniers mormons, ce petit musée offre un passionnant tour d'horizon de l'histoire du canyon et du parc national.

D ZION CANYON SCENIC DRIVE

Au départ du Visitor Center

Cette **route panoramique** (15km), qui serpente jusqu'au Sinawawa Temple, est la voie d'accès royale à tous les sites de Zion (sentiers, points de vue, hébergements...). La navette gratuite (mars-oct) permet de monter/descendre à loisir au long du parcours et de découvrir le canyon à son rythme.

E COURT OF THE PATRIARCHS

Sur le versant ouest du canyon, culminant à plus de 2 000m, les 3 pics de la Cour des Patriarches – **Abraham, Isaac** et **Jacob** – offrent une entrée en matière majestueuse. Points de vue.

F EMERALD POOLS

Départ : arrêt navette n°5 "Zion Lodge"

Ce sentier s'élève à travers une végétation luxuriante le long d'un torrent ponctué de trois bassins naturels aux eaux claires, dont **Upper Emerald Pools**, au pied de Lady Mountain (2110m). **Kayenta Trail** est une bonne option au retour et offre une belle vue de **Red Arch Mountain** et de la vallée.

| Rando facile-moyenne | 2-5km | 1-2h | Dénivelé : 100m.

Angels Landing

G ANGELS LANDING

Départ : arrêt navette n°6 "The Grotto" | Déconseillé aux personnes sujettes au vertige

Projeté en travers de la vallée comme la proue d'un colossal navire, ce promontoire (1764m) offre une vue inouïe à 360° sur le canyon. Au départ de la passerelle sur Virgin River, le sentier le long du **West Rim Trail** s'élève d'abord en lacets avant de s'enfoncer dans **Refrigerator Canyon**, une gorge profonde et étroite toujours à l'ombre, puis gravit **Walter's Wiggles**, une section vertigineuse formée de 21 virages taillés dans la falaise. Au sommet, les plus sujets au vertige s'arrêtent au **Scout Lookout**, une portion large et sûre de la crête ; les autres progressent le long d'une étroite arête bordée de 450m de vide, qui donne le sentiment de marcher sur un fil ! L'été, pour éviter la foule des grimpeurs et la chaleur accablante de la journée, mieux vaut partir tôt le matin (5h-6h) ou en fin de journée (18h-19h).

| Rando sportive | 8km | 4h | Dénivelé : 465m.

Cascades d'Emerald Pools

H WEEPING ROCK

Départ : arrêt navette n°7 "Weeping Rock"

Le long d'un chemin verdoyant, cette balade populaire mène à une longue alcôve en saillie d'où tombe un fin rideau d'eau. Tombée sous forme de pluie sur le haut plateau, l'eau met plus de 1000 ans à voyager à travers le grès poreux. Une sortie à faire tôt le matin, surtout l'été, pour jouir en paix de cette féerie.

| Rando facile | 800m | 30min | Dénivelé : 30m

ZION NATIONAL PARK

VISITES ET ACTIVITÉS

I TEMPLE OF SINAWAVA ET RIVERSIDE WALK

Arrêt navette n°9 "Temple of Sinawava"

Baptisé en l'honneur de l'esprit du coyote chez les Indiens paiutes, ce "temple" est en réalité un immense mur vertical (900m) en amphithéâtre, marquant le début officiel du canyon. Derrière commence **Riverside Walk,** le sentier menant aux célèbres Narrows. La promenade, plutôt populaire, offre une atmosphère unique au fur et à mesure que les hautes parois verticales de la gorge se rapprochent l'une de l'autre.

| ***Riverside Walk :*** *marche facile* | *3,5km* | *1h.*

J CANYONING/LES NARROWS

Départ : Riverside Walk

Faire du canyoning dans les **Narrows**, cette gorge étroite et profonde (jusqu'à 600m) où coule Virgin River, est une expérience unique qui requiert une bonne préparation. Les crues soudaines, le courant, l'eau glaciale et les glissades sont des dangers réels que l'on peut prévenir en choisissant la bonne saison (mai-juin et sept-oct) et le bon équipement (chaussures de canyoning, combinaison, bâton de marche). Pour une découverte rapide, remonter jusqu'à **House Rock** (2h AR) ; pour une sortie à la journée, pousser jusqu'à **Orderville Junction**, puis suivre la fourche nord de Virgin River jusqu'à **Big Springs** (8h AR), en avançant avec de l'eau jusqu'aux genoux le long de **Wall Street**, une section si étroite qu'on peine à voir le ciel, comme au pied des tours de Manhattan.

| ***Agences :*** *Zion Outfitter (zionoutfitter.com), Zion Adventure Company (zionadventures.com).*

Canyon des Narrows

ZION NATIONAL PARK

HÉBERGEMENTS ET RESTOS

1 FLANIGAN'S INN

450 Zion Park Blvd, Springdale

- Chalets dans un jardin paysager.
- Grandes chambres agréables au look cottage et moderne.

| 100-400$ | Table au Spotted Dog Café : Rocky Moutain Red Strout 22$.

2 PORTER'S SMOKEHOUSE AND GRILL

"Une adresse cosy servant sandwichs, burgers, viandes, pain de viande de bison et la fameuse *bumbleberry pie* aux fruits rouges."

897 Zion Park Blvd, Springdale | Tlj 7h-20h | Plats 14-38$.

3 OSCAR'S CAFÉ

948 Zion Park Blvd, Springdale

- Des spécialités mexicaines *(tacos, buritos, enchiladas)* et des burgers copieux à savourer sur la terrasse de ce resto aux airs de ranch mexicain.

| oscarscafe.com | Plats 15-30$ | Tlj 7h-21h.

4 WATCHMAN CAMPGROUND ET SOUTH CAMPGROUND

À 5min à pied du Visitor Center et de l'arrêt du Zion Canyon Shuttle,

- Les 2 seuls campings à l'intérieur du parc offrent en tout près de 300 emplacements pour tentes et camping-cars dans un cadre naturel très appréciable.
- Proche des commerces de Springdale.

| Watchman Campground ouv tte l'année ; South Campground mi-mars-oct | Résa : recreation.gov (jusqu'à 6 mois à l'avance pour Watchman Camp., 15 j. pour South Camp.) | Eau potable, toilettes ; douches chez Zion Outfitter (4$) | Tente 20$, camping-cars 30$ (au Watchman Campground).

Zion Lodge

5 ZION LODGE

En plein centre du parc | Arrêt navette n°5 "Zion Lodge"

- En contrebas de falaises impressionnantes, dans un secteur très vert.
- Lodge rustique proposant des chambres d'hôtel tout confort et de jolies *cabins* en bois (avec cheminée) indépendantes.

| zionlodge.com | 215-280$ | Restaurant : Red Rock Grill (sandwichs et burgers 11-17$, authentic Navajo Taco 18$), tlj | Bar-snack : Castle Dome Café, tlj mars-oct.

TRAJET DE ZION À LAS VEGAS

- **Trajet : 260km/160miles (3h env).**
- **Attention au changement de fuseau horaire : 10h à Zion = 9h à Las Vegas.**

1 PEGGY SUE'S

Mesquite

- Dans le décor d'un *diner* des années 1950.
- Classiques de la cuisine américaine : burgers, breakfasts, apple pie.

| 380 N Sandhill Blvd | Tlj 7h-21h | Meat Lover's Skillet 16$.

A VALLEY OF FIRE STATE PARK

Overton | Payant

Les formations rocheuses de ce parc sont célèbres pour leurs strates ondulantes de grès rouge vif et de calcaire gris et beige. Sentiers faciles menant jusqu'aux sites de **Fire Wave** (2km AR) et de **White Domes** (1,6km AR).

Valley of Fire

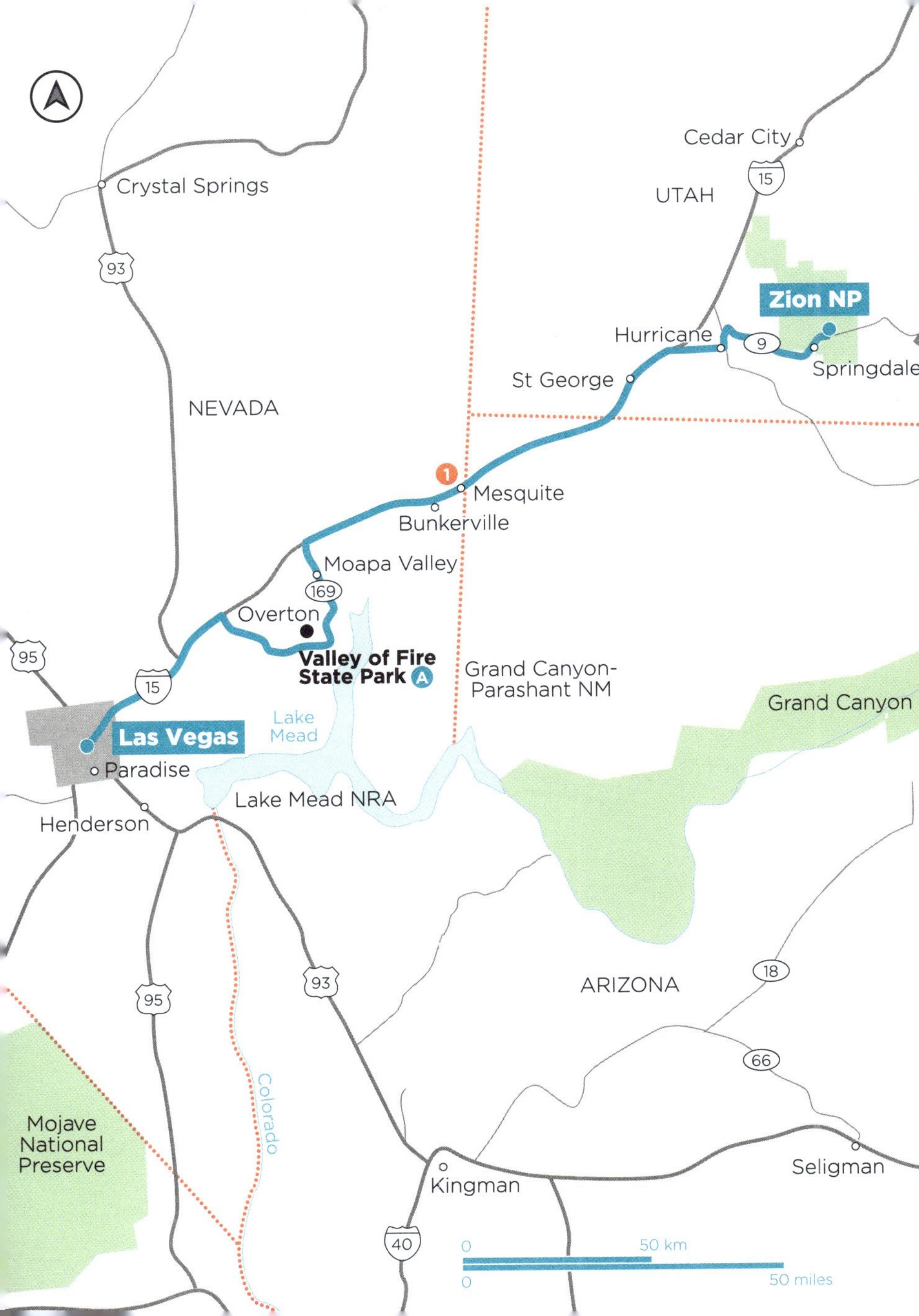
Cedar City
15
UTAH
Zion NP
Hurricane
9
Springdale
St George
Crystal Springs
93
NEVADA
1
Mesquite
Bunkerville
Moapa Valley
169
Overton
Valley of Fire State Park A
Grand Canyon-Parashant NM
95
15
Las Vegas
Lake Mead
Paradise
Lake Mead NRA
Henderson
Grand Canyon NP
93
95
ARIZONA
18
66
Colorado
Mojave National Preserve
Kingman
Seligman
40
0
50 km
0
50 miles

DENVER — MOAB — CAPITOL REEF — SALT LAKE CITY — GRAND TETON — YELLOWSTONE — ROCKY MOUNTAIN — DENVE

YELLOWSTONE, GRAND TETON
ET LES PARCS NATIONAUX DEPUIS DENVER

Le temps de trajet entre chaque étape est indiqué à chaque fois. Il est parfois d'1 journée de route ! À prendre en compte dans l'organisation de votre itinéraire pour trouver votre rythme.

> 2 à 3 semaines de voyage

1 | Denver

La capitale jeune et vibrante du Colorado
1 jour

2 | Moab

Arches National Park Canyonlands Nat. Park
2-3 jours

3 | Capitol Reef

Moins fréquenté, plus sauvage
1 jour

4 | Salt Lake City

Capitale des mormons
1 jour

5 | Grand Teton

Parc grandeur nature
1-2 jours

6 | Yellowstone

Voyage au centre de la Terre
2-3 jours

7 | Rocky Mountain

Charme champêtre et vertige montagnard
1-2 jours

Escapade

Le Grand Lac Salé
À la découverte d'Antelope Island

DENVER

REJOINDRE LE CENTRE-VILLE DEPUIS L'AÉROPORT

Denver International Airport: à 37km N-E du centre-ville. flydenver.com
Tramway: ligne A jusqu'à Union Station. Tlj 4h30-1h30, ttes les 15-30min. **Regional Day Pass** 10,50$ (rtd-denver.com).
Taxi: env. 60$ jusqu'à Union Station.

SE DÉPLACER DANS DENVER

Lower Downtown (LoDo) et Downtown se visitent facilement à pied. Pour se rendre à City Park, prenez un taxi, votre voiture ou le bus (15 et 20) sur 17th St.
Free MallRide: cette navette gratuite électrique parcourt la principale artère commerciale – 16th St – dans les deux sens. Pratique pour traverser LoDo et Downtown sans effort.
Free MetroRide: tramway gratuit reliant Union Square au Civic Center via 18th et 19th St.
Parking: dans le centre, stationnement (parcmètres et horodateurs) limité à 2h. Préférez les parkings gratuits **Park-n-Ride** en périphérie connectés au centre via les transports en commun: celui de **Decatur-Federal Station** (1310 N Federal Blvd) est assez central.

RÉSERVATIONS

- **Très conseillée** pour les hébergements situés en centre-ville (Downtown).
- **Recommandée** si vous voulez assister à un match de basketball ou de baseball.

ADRESSES UTILES

Tourist Information Desk: Denver Union Station, 1701 Wynkoop St ✆ 303 519 3298, denver.org. Mer-sam 9h16. Autre guichet au Colorado Convention Center, 700 14th St. Infos (spectacles, visites guidées, activités sportives).

VISITER

Downtown, à l'ouest de Broadway, est traversé par **16th St** qui va d'Union Station dans **Lower Downtown** au N (LoDo) au Civic Center Park S. Le quartier branché de **River North Art District** est situé au N-E de Broadway. Comptez 30min à pied pour vous rendre de Union Station à Civic Center Park.

Skyline de Denver

DENVER DOWNTOWN ET CITY PARK

Perchée à plus de 1600m d'altitude, la bien nommée "Mile High City" est la séduisante capitale du Colorado: des musées de qualité, une scène arty, un quartier historique et un climat sec et ensoleillé sur fond de montagnes ... Une destination de choix !

VISITES ET ACTIVITÉS

- A Lower Downtown (LoDo)
- B Assister à un match de baseball à Coors Field
- C RiNo Art District
- D Denver Art Museum
- E Clyfford Still Museum
- F History Colorado Center
- G City Park
- H Black American West Museum and Heritage Center

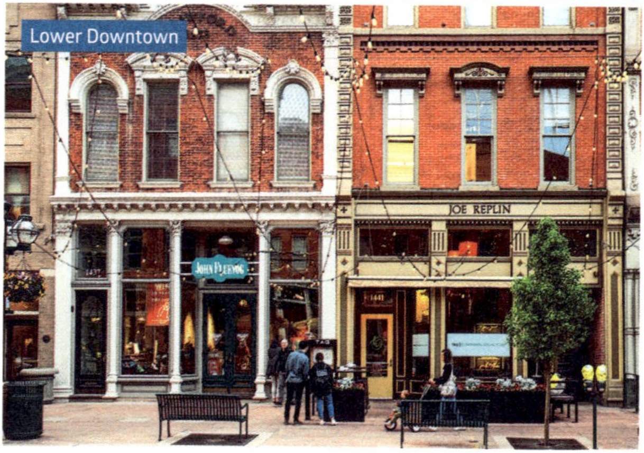

Lower Downtown

RESTOS

- 1 My Brother's Bar
- 2 Sam's n° 3
- 3 Avanti Food & Beverage
- 4 Brown Palace
- 5 The Buckhorn Exchange

BARS ET SORTIES

- 6 Odell Brewing Co
- 7 Ratio Beerworks
- 8 Bigsby's Folly
- 9 The Cruise Room Oxford Hotel
- 10 Mercury Cafe
- 11 Grizzly Rose

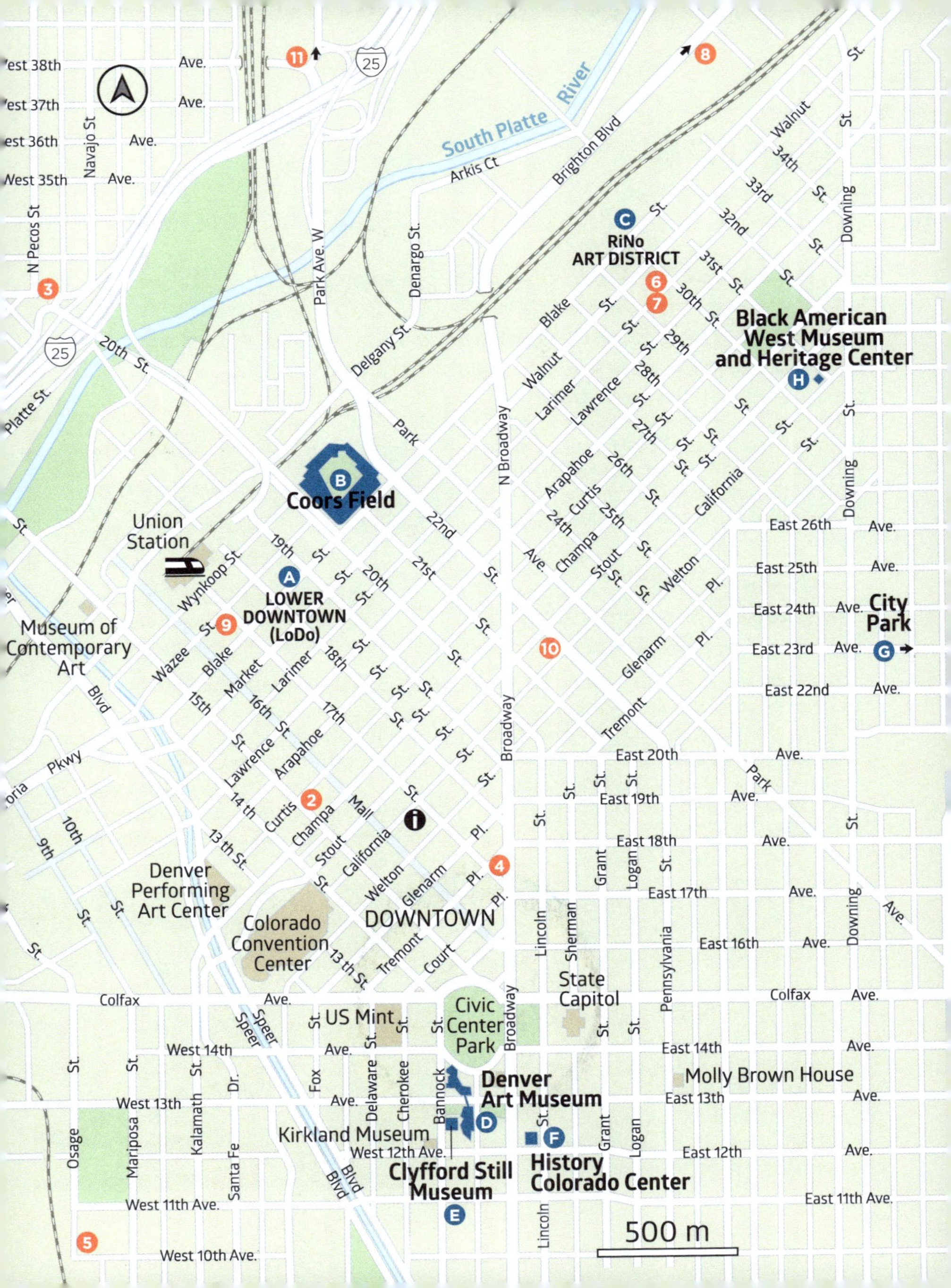

Coors Field
Union Station
LOWER DOWNTOWN (LoDo)
DOWNTOWN
RiNo ART DISTRICT
Black American West Museum and Heritage Center
City Park
Museum of Contemporary Art
Denver Performing Art Center
Colorado Convention Center
US Mint
Civic Center Park
State Capitol
Denver Art Museum
Molly Brown House
Kirkland Museum
Clyfford Still Museum
History Colorado Center
South Platte River
500 m

DENVER DOWNTOWN ET CITY PARK VISITES ET ACTIVITÉS

A LOWER DOWNTOWN (LODO)

Entre 14th et 20th St, Lawrence St et South Plate River

Le cœur historique déroule ses rues rectilignes et ses tours étincelantes depuis **Union Station** – sa salle des pas perdus est un bijou Art déco. Sur **Larimer St** entre 14th et 15th St, les édifices victoriens en brique ramènent au milieu du 19e s. Un quartier idéal entre shopping et pauses aux pubs-brasseries.

Union Station

B ASSISTER À UN MATCH DE BASEBALL À COORS FIELD

2001 Blake Sts

Envie de voir l'équipe locale des Rockies affronter les Cubs de Chicago ou les Orioles de Baltimore ? Visez les Rockpile Tickets, les places les plus éloignées du terrain, mais les plus abordables (10$ env), disponibles les matins de match au box-office du stade.
| *mlb.com/rockie*

C RINO ART DISTRICT

Entre 24th et 38th St, Lawrence St et South Plate River

Au N-E de LoDo, c'est le quartier qui monte avec ses anciens entrepôts de briques transformés en restos, bars de jazz, brasseries ou galeries d'art. Larimer et Walnut, entre 25th et 30th, offre le meilleur du **Street Art** à Denver. Allez-y aussi pour ses brasseries artisanales et ses producteurs de vin.

D DENVER ART MUSEUM

100 W 14th St

Deux bâtiments signés par des maîtres de leur temps (Giò Ponti et Daniel Libeskind) forment un écrin somptueux à une collection plus étourdissante encore , allant de l'art précolombien à l'art océanique et africain en passant par l'art européen et l'art de l'Ouest américain. À ne manquer sous aucun prétexte.
| *denverartmuseum.org* | *Payant.*

Extérieur du Denver Art Museum

E CLYFFORD STILL MUSEUM

1250 Bannock St

Un musée entièrement consacré au travail de l'artiste expressionniste abstrait Clyfford Still, ami et égal de De Kooning, Pollock, Rothko... Au total, 2 300 œuvres, dont 830 peintures grand format, exposées par roulement dans un musée créé autour de cette collection d'art unique.

| *clyffordstillmuseum.org* | *F. Lun-mar* | *Payant.*

F HISTORY COLORADO CENTER

1200 N Broadway

Un musée interactif consacré à l'histoire du Colorado. **Living West** explore les relations entre l'environnement et les hommes à travers l'histoire de Mesa Verde, du *Dust Bowl* (1930) et des Rockies aujourd'hui. **Denver A to Z** déroule un abécédaire pour mieux connaître Mile High City.

| *historycoloradocenter.org* | *Payant.*

Ferril Lake, au centre du City Park

G CITY PARK

Entrées sur E 17th Ave, York St, E Colorad Blvd

Ce parc de 130ha, véritable poumon vert de Denver, est une destination de premier ordre : canotage sur **Ferril Lake**, génial **musée de la Nature et des Sciences**, **zoo** célèbre pour ses éléphants et ses primates, et même un **golf** 18 trous.

| ***Denver Museum of Nature & Science** : tlj* | *Payant* | *dmns.org* | ***Denver Zoo** : tlj* | *Payant* | *denverzoo.org*

H BLACK AMERICAN WEST MUSEUM AND HERITAGE CENTER

3091 California St

Musée aménagé dans une maison victorienne ayant appartenu à la 1re femme médecin noire du Colorado. À travers une collection de photos et d'objets, il évoque le rôle des Noirs américains durant la conquête de l'Ouest. Film documentaire sur la ville fantôme de Dearfield fondée par des Afro-Américains en 1934.

| *bawmhc.org* | *Ven-sam* | *Payant.*

DENVER DOWNTOWN ET CITY PARK RESTOS

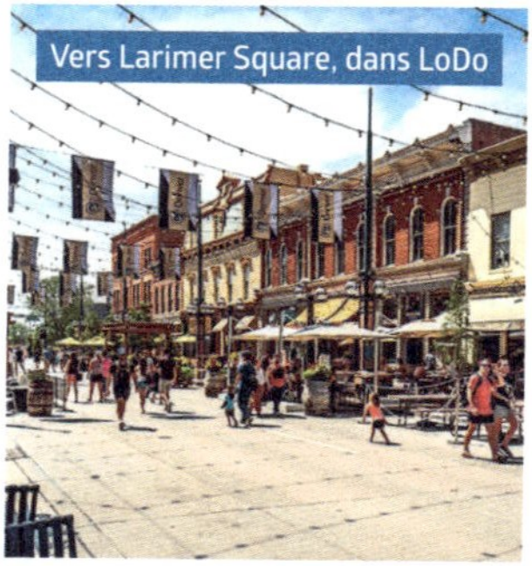
Vers Larimer Square, dans LoDo

1 MY BROTHER'S BAR
2376 15th St

- Le plus vieux bar de Denver (1873), où Kerouac venait en habitué.
- *Johnny Burger* épatant, sandwichs, hot-dogs, salades.

| Lun-jeu 11h-22h, ven-sam 11h-23h | Burgers 10-13$ (double 14,50-22$), snacks 5-10$.

2 SAM'S N° 3
1500 Curtis St

- Un des meilleurs *diners* de Denver (1927).
- Délicieux burritos et petits déjeuners gargantuesques !

| Dim-mar 7h-14h, mer-sam 7h-20h (22h l'été) | Burritos 13-23$.

3 AVANTI FOOD & BEVERAGE
3200 Pecos St

- 7 restos et bars avec terrasses couvertes.
- *Burger joint*, pizzeria, resto paleo/vegan, bistrot parisien, taquería, rôtisserie...

| Jeu-sam 11h-1h, dim-mer 11h-23h | Arepas 10-15$, pizzas 11-17$, bowls 12-16$.

Buckhorn Exchange

4 BROWN PALACE
321 17th St

- Un Afternoon Tea traditionnel à déguster dans cet hôtel luxueux : thés, scones maison, confiture, crème du Devonshire, petits sandwichs et pâtisseries...

| Tlj 12h-16h (sam-dim dès 11h) | Menu 45-50$.

5 THE BUCKHORN EXCHANGE
1000 Osage St

"Le plus vieux resto de Denver est le paradis des carnivores. Essayez les Rocky Mountain Oysters (des testicules de taureau frites) mais aussi bœuf, bison, wapiti et autres gibiers".

| Tlj 17h-21h (ven-sam 22h) | Rocky Mountain Oysters 13-19$, Buffalo Prime Rib 48-58$, Salmon 37$.

DENVER DOWNTOWN ET CITY PARK BARS ET SORTIES

6 ODELL BREWING CO
2945 Larimer St

- Une des meilleures brasseries de bières du pays.
- Bières Odell artisanales, bières de malt au chocolat, tarte rhubarbe, lagers...

| Lun-jeu 12h-22h, ven-sam 12h-minuit, dim 12h-20h | Pinte 5-10$.

Brasserie à Denver

7 RATIO BEERWORKS
2920 Larimer St

- Un autre brasseur artisanal qui a ouvert en plein RiNo.
- Bières traditionnelles, ambrées, India Pale Ale... et bonne atmosphère.

| Lun-mer 12h-23h, jeu-ven 12h-minuit, sam 11h-minuit, dim 11h-23h | Bière 4-6$.

8 BIGSBY'S FOLLY
3563 Wazee St

- Un bar-resto où goûter des vins élaborés par la maison.
- Pinot noir de Sonoma, cabernet sauvignon de Napa...

| Lun-jeu 16h-22h, ven 11h30-23h, sam 10h30-23h, dim 10h30-20h | Verre de vin 12-26$.

9 THE CRUISE ROOM OXFORD HOTEL
1600 17th

- Un décor unique, entre Art déco et chic glamour, baigné d'une lumière rouge-rose.
- Cocktails élaborés. Petite restauration.

| Ven-sam 17h-23h, dim-jeu 17h-22h | Cocktails 8-15$.

10 MERCURY CAFE
2199 California St

- Café-resto bio, salle de danse et centre communautaire !
- Concerts jazz et classique, théâtre, lectures, night-club...

| Mar-dim 17h-23h | Night-club jusqu'à 1h (2h le w-e) | Brunch : dim 10h-15h | Burgers 12-18$, salade 12-17$.

11 GRIZZLY ROSE
5450 Lincoln St

"Notre adresse fétiche pour une soirée country à Denver : leçons de *line dance* et concerts dans cet endroit typique. Sans oublier le Smokehouse Grill pour se restaurer."

| Mer et dim 18h-minuit, jeu-sam 18h-2h | Résa conseillée lors des concerts | Pizzas 16-19$, concerts 10-45$.

TRAJET DE DENVER À MOAB

• Trajet: 570km/350miles (6h sans les arrêts).

A GLENWOOD SPRINGS

À 250km de Denver via I70

À mi-chemin entre Denver et Moab, faites une pause relaxante dans cette ville thermale au bord du Colorado. Direction la piscine thermale du **Glenwood Hot Springs Resort**, la plus grande du monde, pour un bain revigorant dans ses eaux de sources chaudes très concentrées en minéraux, à 34°C toute l'année.

| ***Glenwood Hot Springs Resort*** *: 415 East 6th St | hot-springspool.com*
| *Piscine et Spa : tlj, payants.*

1 GLENWOOD CANYON BREWPUB

Glenwood Springs

• Pause bière artisanale maison et *american food* dans ce pub-brasserie.
• Burgers, grillades, fish n'chips, tacos, salades…

| *402 7th St, Denver Hotel*
| *Tlj 11h-22h (ven-sam 23h) | Plats 15-23$.*

Glenwood Springs

B UPPER COLORADO RIVER SCENIC BYWAY

Route 128, 72km entre la I70 et Moab

Spectaculaire paysage de western dominé par de hautes *mesas* de grès rouge. À partir de Dewey Bridge, la “River Road” épouse chaque méandre du Colorado au creux d'une gorge de plus en plus étroite.

Upper Colorado River Scenic Byway

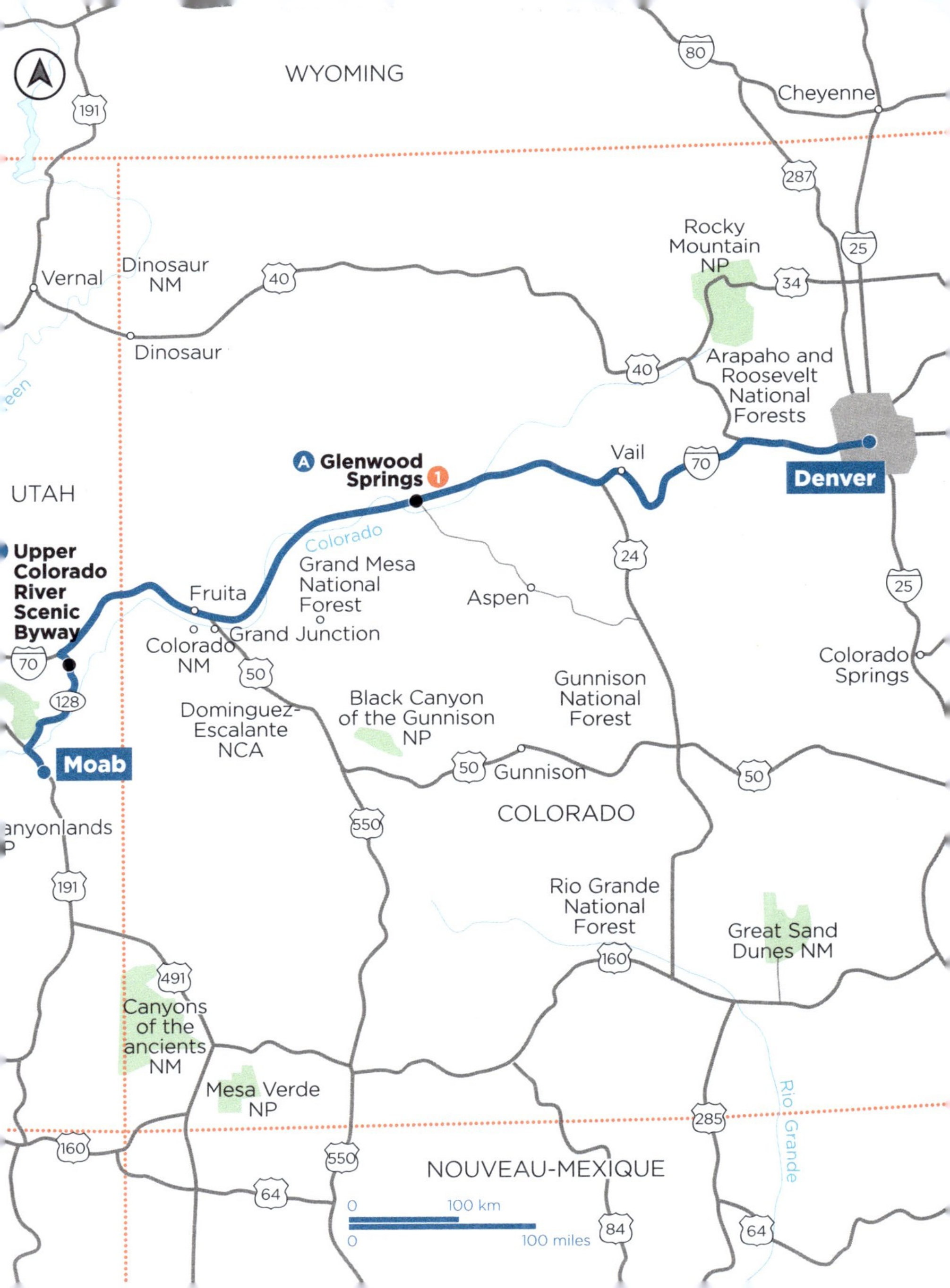

WYOMING
Cheyenne
80
191
287
25
Rocky Mountain NP
34
Vernal
Dinosaur NM
40
Dinosaur
40
Arapaho and Roosevelt National Forests
Denver
70
Vail
A Glenwood Springs 1
UTAH
Colorado
24
Upper Colorado River Scenic Byway
Fruita
Grand Mesa National Forest
Aspen
25
Grand Junction
Colorado NM
70
50
Colorado Springs
Gunnison National Forest
128
Dominguez-Escalante NCA
Black Canyon of the Gunnison NP
Moab
50
Gunnison
50
COLORADO
550
191
Rio Grande National Forest
Great Sand Dunes NM
160
491
Canyons of the ancients NM
Mesa Verde NP
Rio Grande
285
160
550
NOUVEAU-MEXIQUE
64
0
100 km
0
100 miles
84
64

MOAB ET SES ENVIRONS

Au bord du Colorado, la ville de Moab est un excellent camp de base pour rayonner dans la région et explorer les parcs nationaux d'Arches et de Canyonlands. Canyons, mesas et formations de grès rouge en font un incontournable de tout voyage dans l'Ouest !

- **Hébergement très limité dans les parcs nationaux d'Arches et de Canyonlands: prévoyez de séjourner 1 à 2 nuits à Moab si vous n'avez pas réservé.**

VISITES

Nous avons découpé cette étape en trois parties, qui méritent chacune une journée de visite.
1-Moab
2-Arches National Park
3-Canyonlands National Park

Si vous manquez de temps, privilégiez la visite du Arches National Park.

Rafting sur le Colorado près de Moab

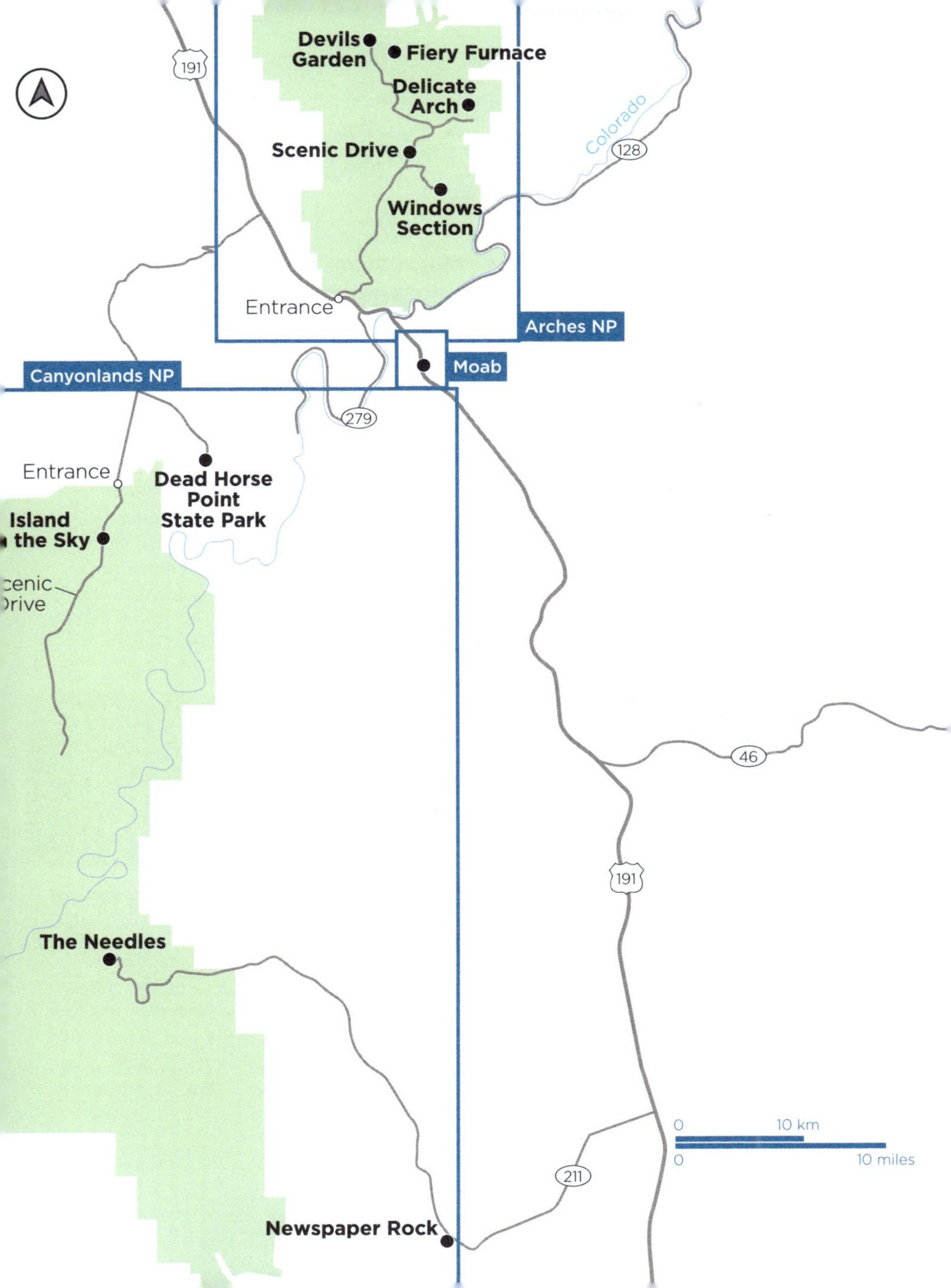
Devils Garden
Fiery Furnace
Delicate Arch
Scenic Drive
Windows Section
Colorado
128
191
Entrance
Arches NP
Moab
Canyonlands NP
279
Entrance
Dead Horse Point State Park
Island the Sky
cenic rive
46
191
The Needles
0
10 km
0
10 miles
211
Newspaper Rock

MOAB ET SES ENVIRONS
MOAB

Capitale touristique de la région, Moab attire les amateurs de rafting et de VTT, tandis que les visiteurs des parcs y trouvent motels, campings, restos et boutiques où s'approvisionner.

A RAFTING SUR LE COLORADO

"Dans l'une des capitales de l'*outdoor* des États-Unis, le rafting sur le mythique Colorado est l'une des nos activités préférées ! C'est beau, calme et très familial. Excursion possible à la demi-journée, à la journée ou sur plusieurs jours."
| ***Moab Adventure Center*** *: 225 S Main St* | *moabadventurecenter.com* | *Mars-oct* | *Durée 4h30* | *Payant.*

1 INCA INN

570 N Main St

"On adore cette adresse indépendante, simple et abordable au pied des rochers ocres. Idéal pour partir en excursion."
| *120-180$, petit déjeuner inclus ; moins cher en basse saison.*

2 RED CLIFFS LODGE

UT 128, milepost 14
(à 30min NE de Moab)

- Pour dormir au bord du Colorado, face aux falaises de grès rouge.
- Resort de luxe offrant chambres d'hôtel et *cabins* tout confort pour 2 à 4 pers.

| *redcliffslodge.com* | *250-400$; moins cher en hiver.*

3 UNDER CANVAS

13784 US 191
(à 15min NO de Moab)

"Du glamping à deux pas des parcs. On adore les tentes safaris super-équipées en pleine nature, pour profiter des étoiles et du lever du soleil."
| *undercanvas.com* | *220-450$* | *Mars-oct.*

4 MOAB BREWERY

686 S Main St

- Micro-brasserie réputée pour ses ales, sa *root beer* et ses bières ambrées pression.
- Cuisine américaine variée et spécialités végétariennes.

| *Dim-jeu 11h30-22h, ven-sam 11h30-23h* | *Plats 17-30$, pinte de bière 6$.*

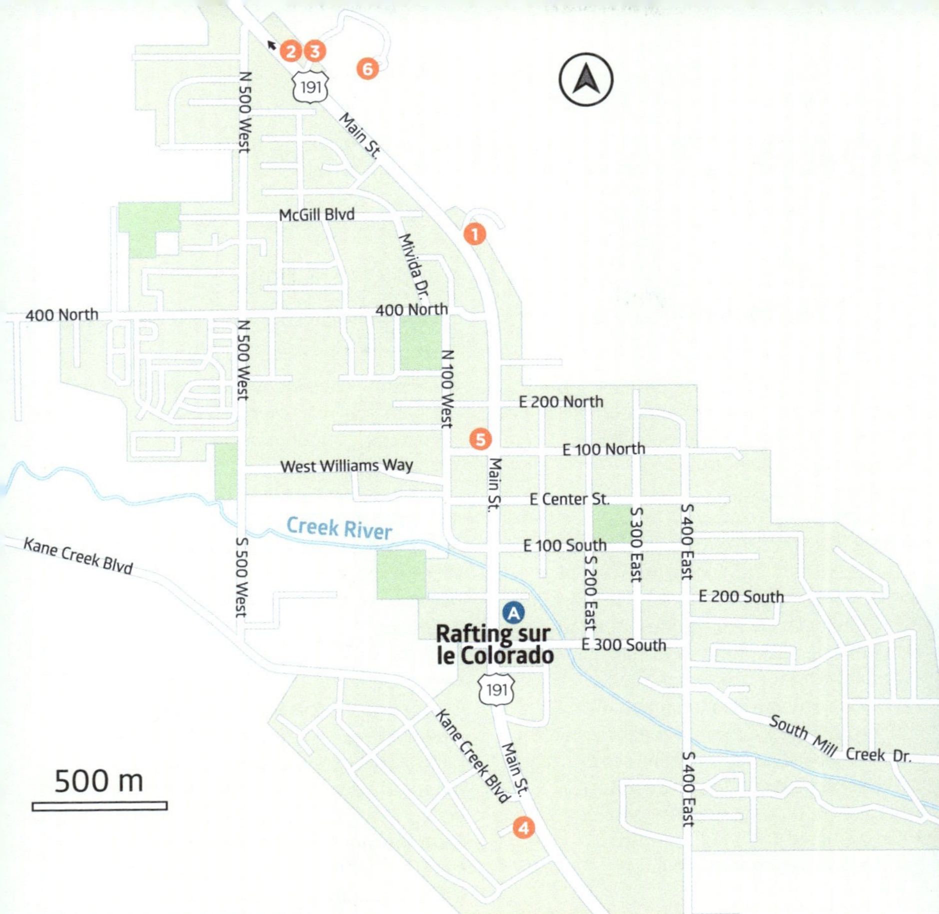

5 JAILHOUSE CAFE

101 N Main St

- Une référence pour le petit déjeuner.
- Classiques *scrambled eggs*-bacon-*hash browns*, waffles, pancakes, œufs Bénédicte…

| *Tlj 7h-12h* | *F. nov-début mars* | *Petit déjeuner 8-11$.*

6 SUNSET GRILL

900 N Main St

"Sur les hauteurs de Moab, notre terrasse préférée pour le coucher du soleil, une *million dollar view,* comme on dit ici. Menu varié."

| *Lun-sam 16h-22h* | *Plats 15-33$.*

MOAB ET SES ENVIRONS
ARCHES NATIONAL PARK

INFOS PRATIQUES

Ouverture : toute l'année, 24h/24.
Tarifs : 30$ par véhicule (*pass* 7 j.) ; inclus dans le *pass* America the Beautiful.
Péage : une seule entrée, Arches Entrance Rd.
Internet : nps.gov/arch
Visitor Center : à l'entrée du parc, après le péage ✆ 435 719 2299. En principe, ouv avr-oct tlj 8h-17h ; nov-mars tlj 9h-16h. Expo sur la géologie, infos pratiques, itinéraires de randonnées, Backcountry Permit.
General Store et essence : aucun ravitaillement dans le parc (point d'eau fraîche au Visitor Center), faire provisions et plein d'essence à Moab et dans ses environs.
Se déplacer dans le parc : voiture indispensable, pas de navette publique. Visite possible à VTT sur les routes goudronnées (sentiers interdits).

CONSEILS ET ORIENTATION

• Une route (**Scenic Drive**) traverse le parc et permet de voir l'essentiel (parking autorisé sur les aires uniquement). Randonnées accessibles (diverses durées) pour s'approcher des arches, c'est l'intérêt du parc d'Arches !
Arrivée : mai-oct avant 8h ou après 15h pour éviter attente au péage et parkings complets. Week-ends et jours fériés à éviter.
Saisons : mai-oct est la très haute saison touristique. L'été, balade conseillée jusqu'à la fin de la matinée (chaleur).
Dangers : l'été (juil-août), **chaleur** intense (40°C), très forte luminosité et peu d'humidité : bien s'alimenter et boire env 4 l/j. La **foudre** : pendant la période estivale, orages et épisodes de pluies courts mais violents. Suivez bien les conseils des rangers.
Randonnée : interdit de s'écarter des sentiers balisés (microflore de mousses, lichens, champignons).

HÉBERGEMENT

1 seul hébergement dans le parc : Devils Garden Campground.
Réservation : indispensable mars-oct (nov-fév "premier arrivé, premier servi"). Resa sur recreation.gov
Hôtels et lodges : aucun dans le parc. Aller à Moab et dans ses environs.

RÉSERVATIONS

• **Backcountry Permit :** obligatoire pour camper dans le *wilderness*. **Demande** au Backcountry Permit Office (2282 SW Resource Blvd) jusqu'à 7j av le départ. **Tarif :** 7$/pers. Attention : milieu sauvage difficile.
• **Fiery Furnace :** rando guidée par un ranger (mai-sept) ; résa jusqu'à 6 mois à l'avance sur recreation.gov

Delicate Arch, l'arche star du parc

MOAB ET SES ENVIRONS
ARCHES NATIONAL PARK

On recense quelque 2000 arches de grès rouge dans ce parc national à taille humaine ! Un spectacle saisissant à découvrir en journée le long de la Scenic Drive, lors de randonnées jusqu'à Delicate Arch, la star du parc, ou dans le labyrinthe infernal de Fiery Furnace.

A SCENIC DRIVE

Au départ du Visitor Center

Le parc se découvre en voiture par cette route panoramique de 29km, où l'on peut se garer sur le bas-côté pour jouir des points de vue. Pour voir les arches de près, suivez les bifurcations de **Windows Section**, **Delicate Arch** et **Devils Garden** : on rejoint les arches à pied, depuis les parkings.

B WINDOWS SECTION

Windows Rd

Après le numéro d'équilibriste de Balanced Rock, la route à droite dessert les superbes **Cove Arch** et **Double Arch,** les rochers sculptés par l'érosion de **Parade of Elephants** et les immenses "fenêtres" de **North et South Windows** (boucle de 1,5km au départ du parking principal).

Windows Section

C DELICATE ARCH

Delicate Arch Rd

Une superbe randonnée mène vers l'arche star du parc, qui est même devenue l'emblème officiel de l'État de Utah. Posée au bord de la falaise, elle est encore plus belle au coucher du soleil.

| Rando au départ du parking de Wolfe Ranch | 5km AR (2h30) | Niveau modéré.

D FIERY FURNACE

Résa obligatoire sur recreation.gov | Payant

Ce labyrinthe de hauts murs de grès rouge posé au milieu du désert s'explore avec un ranger obligatoirement. On grimpe, on saute, on se faufile dans d'étroits défilés... bref, balade sportive garantie !

| Boucle de 3km (3h) | Niveau modéré à difficile.

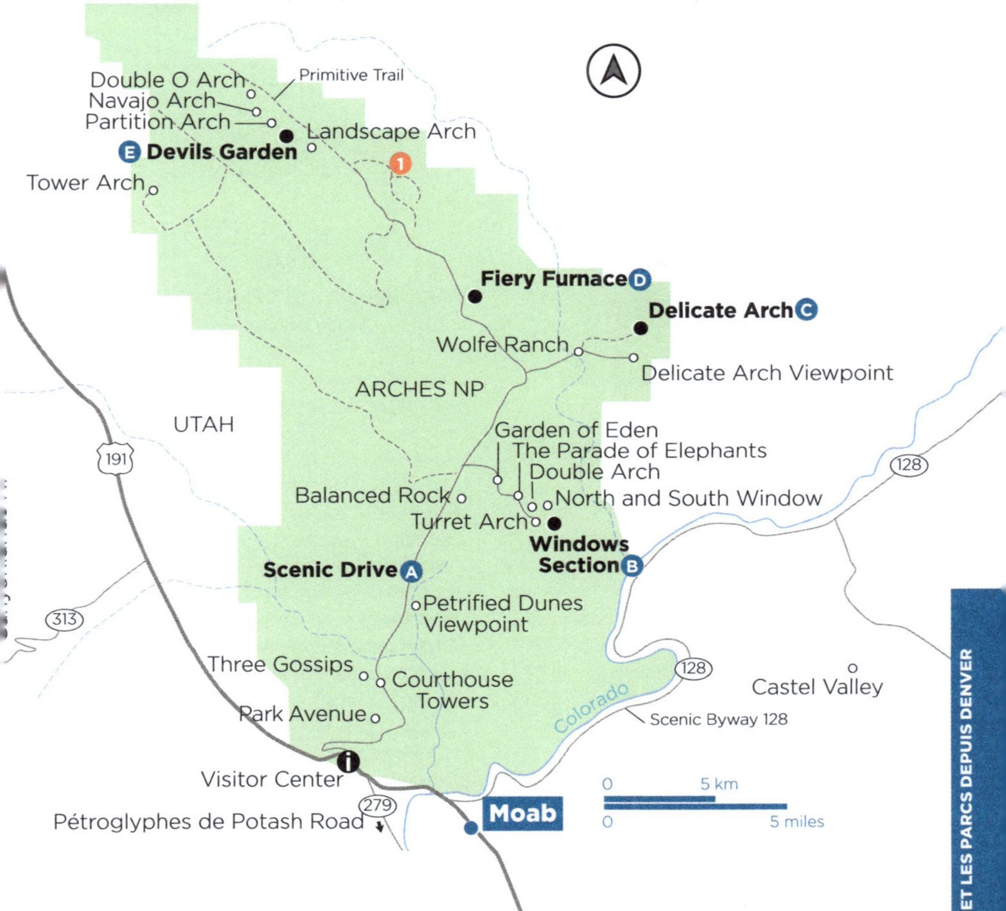

E DEVILS GARDEN

Au bout de Scenic Dr

Cette partie réunit le plus grand nombre d'arches du parc. Du parking, on emprunte tout ou partie de **Primitive Trail** jusqu'à Landscape Arch, la plus grande arche au monde avec 93m, Navajo Arch, si épaisse qu'on dirait un tunnel, et Double O Arch, deux arches en forme de "8" (2h30 AR).
| ***Primitive Trail**: boucle de 2 à 12km (1-4h)* | *Modéré.*

1 DEVILS GARDEN CAMPGROUND

Arches National Park

Le seul camping d'Arches se mérite : situé dans le secteur le plus riche du parc, au milieu des gros rochers de grès, il offre 51 places seulement pour tentes et camping-cars au pied des sentiers de randonnée.
| *Tte l'année, résa indispensable mars-oct* | *25$/nuit*
| *Toilettes,* ring fire, *table de pique-nique, eau potable*
| *Ni douche ni électricité.*

MOAB ET SES ENVIRONS
CANYONLANDS NP

INFOS PRATIQUES

Ouverture: tte l'année, 24h/24.
Tarifs: 30$ par véhicule (*pass* 7 j.) ; inclus dans le *pass* America the Beautiful.
Péages: Island in the Sky (Island in the Sky Rd, après la bifurcation de Dead Horse Point SP) ; **Needles** (UT 211, 55km après US 191).
Internet: nps.gov/cany
Visitors Centers: expo sur la géologie, infos pratiques, librairie, itinéraires des randonnées, *Backcountry Permit.* **Island in the Sky**. À dr. après le péage ✆ 435 259 4712. Mi-mars-déc : tlj 8h-16h (jeu-lun en janv-mi-fév). **The Needles**. Sur UT 211, à dr. après le péage ✆ 435 259 4711. mi-fév-début déc : tlj 8h-16h.
General Store et essence: aucun ravitaillement dans le parc (eau potable aux Visitor Centers), faire des provisions et le plein d'essence à Moab ou dans ses environs.

CONSEILS ET ORIENTATION

2 jours sont préférables pour bien visiter ce parc

• **Arrivée:** mai-oct avant 10h ou après 15h pour éviter attente au péage et parkings complets.
• **Saisons:** mai-oct est la très haute saison touristique. Températures agréables au printemps et à l'automne.
• **Visiter:** le parc comprend trois secteurs – **Island in the Sky, The Maze et The Needles** – séparés par Colorado River et Green River, sans aucune route directe entre eux (ressortir du parc et emprunter la US 191).
• **Se déplacer dans le parc:** véhicule privé indispensable, aucun transport public.
• **Dangers:** l'été (juil-août), **chaleur** intense (40°C), forte luminosité et peu d'humidité : bien s'alimenter et boire env 4 l/j.
La **foudre** : pendant la période estivale, orages, foudre et épisodes de pluies courts mais violents. Des **ours noirs** ont été repérés dans le parc. Suivez bien les conseils des rangers.

HÉBERGEMENT

• **2 campings accessibles :** Willow Flat Campground à Island in the Sky ("premier arrivé, premier servi") et Squaw Flat Campground aux Needles (résa sur recreation.gov). Les autres sont des *primitive campgrounds* (voir ci-contre).
• **Hôtels et lodges:** aucun dans le parc. Se rendre à Moab ou dans ses environs.

BACKCOUNTRY PERMIT

Obligatoire pour camper dans les *primitive campgrounds*, les randonnées au long cours et pour rouler en 4x4. **Demande:** résa de 4 mois à 2j avant le départ aux Visitor Centers ou sur recreation.gov **Tarif:** 36$/permis + 5$/pers/nuit (7 pers. max). **Conseil:** réservez 4 mois à l'avance pour un voyage en haute saison.

Paysage typique du Canyonlands National Park

MOAB ET SES ENVIRONS
CANYONLANDS NP

Visitez ce parc national iconique en vous promenant sur Island in the Sky, une langue de grès perchée à 1830m d'altitude au-dessus d'un paysage infini de canyons où coulent le Colorado et Green River. Le 2e jour, partez à la découverte des aiguilles de pierre des Needles.

A DEAD HORSE POINT STATE PARK

Au bout de UT 313 | Payant

Le promontoire rocheux de ce parc offre une vue épatante sur les boucles du Colorado et de Green River, 600m plus bas, et sur le réseau de canyons creusés par leurs affluents. On peut passer la nuit sous la tente sur ce corral naturel. Une légende raconte que des chevaux piégés dans ces montagnes y moururent, d'où le nom.

| stateparks.utah.gov/parks/dead-horse

B ISLAND IN THE SKY

Grand View Point Rd

Cet étroit plateau déchiqueté offre des points de vue magiques sur les canyons alentour creusés depuis des millions d'années par les pluies torrentielles, le vent et les eaux du Colorado et de Green River. La **Scenic Drive** mène d'un côté à **Grand View Point**, au bout du cap, où l'on s'enivre de paysages de canyons infinis (idéal au coucher du soleil) ; de l'autre à **Green River Overlook**, au-dessus de la rivière, puis à **Upheaval Dome**, un cratère aux roches striées de couleurs, où l'on peut pique-niquer. Sur la route, arrêtez-vous aux points de vue de **Shafer Canyon**, marchez jusqu'à **Mesa Arch** (0,8km, facile), puis grimpez au sommet d'**Aztec Butte** (3,2km, modéré).

*| **Scenic Drive :** boucle de 55km*

Green River Overlook

C THE NEEDLES

120km S Moab via US 191 et UT 211

Avec ses paysages d'aiguilles de grès rouge et blanc, ce secteur est idéal pour la rando. Débutez par l'ancien campement cow-boy de **Cave Spring Trail** (1km), puis **Squaw Flat Trail**.

*| **Squaw Flat Trail :** 12km, 4h, modéré.*

D NEWSPAPER ROCK

UT 211, 20km après US 191 | Gratuit

Un rocher unique, recouvert de pétroglyphes gravés dans le grès noirci il y a près de 2000 ans par les Indiens fremonts et anasazis. On y reconnaît des figures humaines et animales.

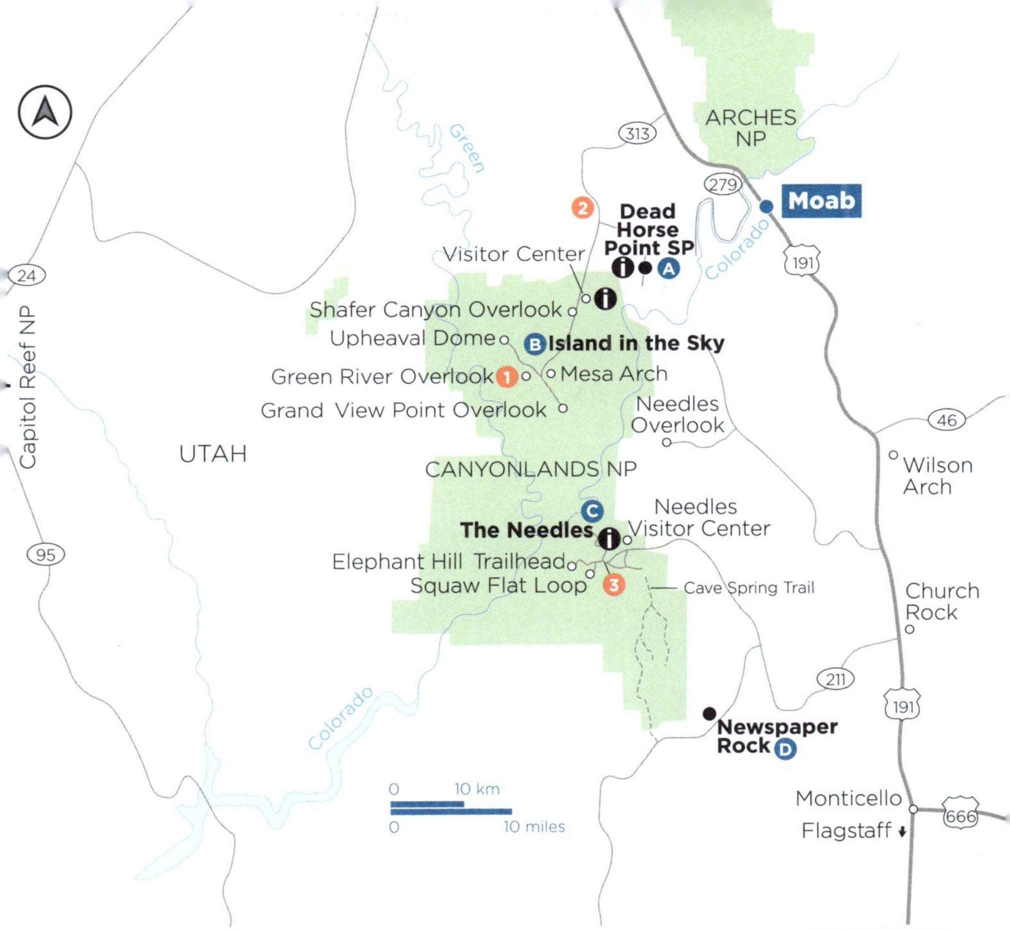

1 WILLOW FLAT CAMPGROUND

Island in the Sky

- Proche du spectaculaire Green River Overlook.
- Petit camping basique pour tentes et camping-cars.

| Tte l'année | Backcountry Permit | 1er arrivé, 1er servi (arriver avt 10h) | 15$/nuit | Toilettes, ring fire, *tables | Ni eau, ni douche, ni électricité.*

2 HORSETHIEF CAMPGROUND

UT 313, 14km avant l'entrée du parc

- Dans une végétation de pinyon-genévriers pygmées.
- 55 places pour tentes et camping-cars. Peu d'ombre.

| Tte l'année | 1er arrivé, 1er servi | 20$/nuit | Toilettes, ring fire, *tables | Ni eau, ni douche, ni électricité.*

3 SQUAW FLAT CAMPGROUND

The Needles

- Pour dormir au pied des "aiguilles".
- Une vingtaine de places pour tentes et camping-cars.

| Tte l'année | Backcountry Permit | 1er arrivé, 1er servi | 20$/nuit | Toilettes, ring fire, *tables | Ni eau, ni douche, ni électricité.*

TRAJET DE MOAB À CAPITOL REEF

- **Trajet en voiture : 250km/160miles (2h40 sans les arrêts).**
- **Vous trouverez restos et hébergement à Torrey, au-delà du parc de Capitol Reef, à l'ouest.**

A HIGHWAY 24

UT24

À 20km de Green River, la Highway 24 plonge vers le sud-ouest à travers les paysages lunaires du désert de San Rafael, avant d'épouser, à partir de Hanksville, les méandres de la Fremont River. C'est alors une vallée étroite mais verdoyante qui serpente à travers des étendues arides et hostiles sur plus de 120km, en passant par Fruita, au cœur du parc national de Capitol Reef, puis Torrey, plus à l'ouest.

Goblin Valley State Park

B GOBLIN VALLEY STATE PARK

UT24 dir Hanksville, puis à dr sur Temple Mountain Jct

Pour se dégourdir les jambes sur la route, rien de telle qu'une courte randonnée le long de **Carmel Canyon Trail** (boucle de 2,5km ; modéré), dans l'étonnante forêt de rochers du Goblin Valley State Park. Ces "lutins" *(goblins)* ou champignons aux formes étranges sont le résultat de l'érosion de grès plus ou moins durs. Le sentier mène à travers des *narrows* et permet d'approcher la formation de Molly's Castle.

| stateparks.utah.gov/parks/goblin-valley | Payant.

1 MESA FARM MARKET

UT24, Caineville

- Une épicerie proposant les produits de sa ferme dans un décor de mesas magique.
- Salades, feta et tomme, pain, légumes et fruits.

| Fin mars oct | Salade 7,50$, fromage 14-17$/220g.

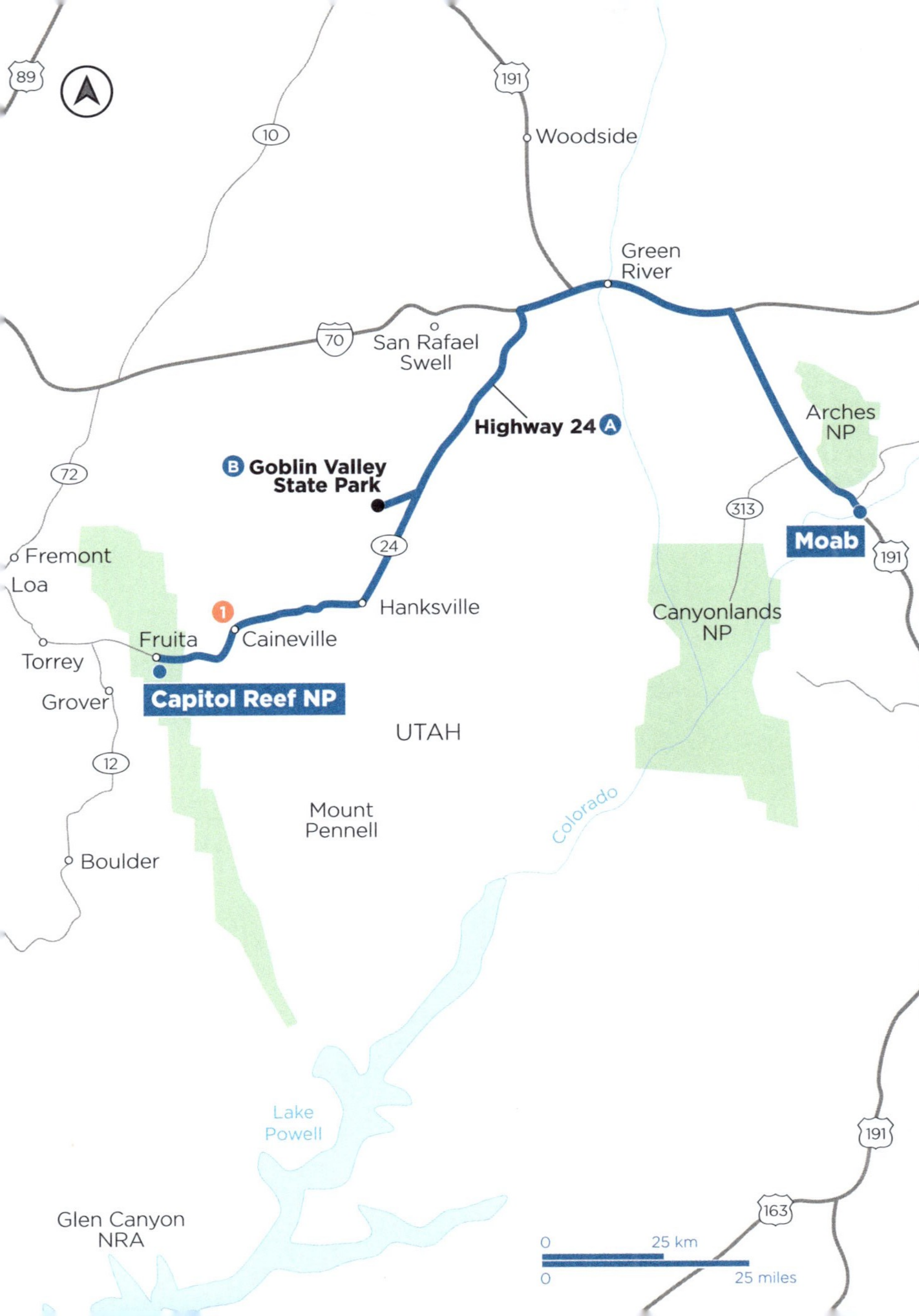

89
191
10
Woodside
Green River
70
San Rafael Swell
Highway 24 A
Arches NP
B Goblin Valley State Park
72
313
Moab
191
24
Fremont
Loa
1
Hanksville
Canyonlands NP
Fruita
Caineville
Torrey
Grover
Capitol Reef NP
UTAH
12
Mount Pennell
Colorado
Boulder
Lake Powell
191
Glen Canyon NRA
163
0
25 km
0
25 miles

CAPITOL REEF NATIONAL PARK

INFOS PRATIQUES

Ouverture : toute l'année, 24h/24.
Tarif : la **Scenic Drive** est la seule portion du parc payante : 20$/véhicule (paiement au Visitor Center). Inclus dans le *pass* America the Beautiful.
Internet : nps.gov/care
Visitor Center : à la sortie E de Fruita (UT 24) ✆ 435 425 3791. De fin mai à fin oct : tlj 8h-17h ; le reste de l'année : tlj 8h-16h. Expo sur la géologie, infos pratiques, itinéraires des randonnées, *Backcountry Permit,* carte des vergers pour la cueillette. Programme des activités et animations effectuées par les rangers.
General Store : à Torrey. Tlj 7h-22h.
Essence : à l'entrée E de Torrey, en venant de Fruita (UT 24).

CONSEILS ET ORIENTATION

Le parc national de Capitol Reef est l'un des plus sauvages et des moins connus de l'Ouest américain. La fréquentation est peu élevée.
• **Saisons :** températures agréables au printemps et à l'automne.
• **Dangers :** l'été (juil-août), **chaleur** intense (40°C), forte luminosité et peu d'humidité : bien s'alimenter et boire env 4 l/j. La **foudre** : pendant la période estivale, orages, foudre et épisodes de pluies courts mais violents.
• **Visiter :** le parc comprend 2 secteurs : **Oasis de Fruita** et **Waterpocket Fold**, à découvrir en suivant la route panoramique (Scenic Drive).
• **Se déplacer dans le parc :** véhicule privé indispensable, aucun transport public. La plupart des routes ne sont pas goudronnées. Voiture de tourisme autorisées sauf au-delà de Capitol Gorge (au sud-est du parc ; 4x4 nécessaire).

HÉBERGEMENT

• **Camping :** Fruita Campground est le seul camping aménagé du parc (résa sur recreation.gov).
• **Hôtels et lodges :** aucun dans le parc. Hébergements à Torrey ou dans ses environs.

BACKCOUNTRY PERMIT

Obligatoire pour camper dans l'arrière-pays (*wilderness*). **Demande :** au Visitor Center jusqu'au jour du départ. **Tarif :** gratuit.

Formations rocheuses du Capital Reef National Park

CAPITOL REEF NATIONAL PARK

"Pays de l'arc-en-ciel endormi" pour les Indiens paiutes, Capitol Reef est l'un des parcs les plus sauvages et les moins fréquentés de l'Ouest. Il vous séduira avec ses dômes de grès striés de couleurs et ses oasis verdoyantes en plein désert.

VISITES & ACTIVITÉS

- A Gooseneck Overlook et Sunset Point
- B Oasis de Fruita
- C Hickman Bridge
- D Scenic Drive

ADRESSES

1. Fruita Campground
2. Gifford Homestead
3. Chuckwagon Motel
4. Rim Rock Restaurant

Passerelle vers Hickman Bridge

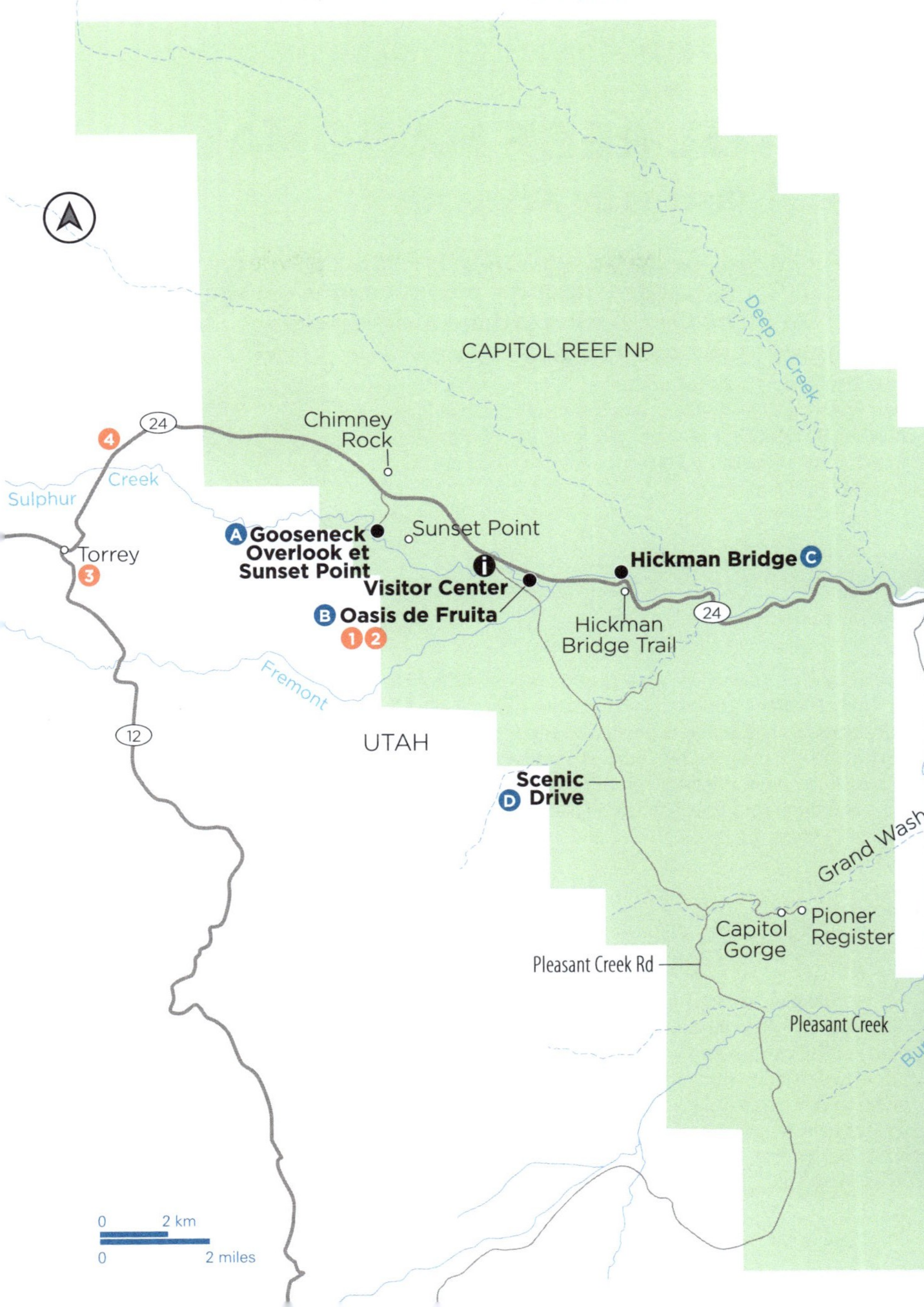
CAPITOL REEF NP
Deep Creek
Chimney Rock
24
4
Creek
Sulphur
A Gooseneck Overlook et Sunset Point
Sunset Point
Torrey
3
Visitor Center
Hickman Bridge C
B Oasis de Fruita
1 2
Hickman Bridge Trail
Fremont
12
UTAH
Scenic Drive D
Grand Wash
Capitol Gorge
Pioner Register
Pleasant Creek Rd
Pleasant Creek
0 2 km
0 2 miles

CAPITOL REEF NATIONAL PARK VISITES ET ACTIVITÉS

A GOOSENECK OVERLOOK ET SUNSET POINT

À 5km O du Visitor Center via UT 24

Suivez la piste jusqu'au point de vue de Gooseneck sur la boucle de la rivière **Sulphur Creek** 250m plus bas. Pour un autre panorama magnifique, poussez jusqu'à Sunset Point (600m). De retour sur la route principale, vers Torrey, ne manquez pas **Chimney Rock**, tour de schiste rouge effilée comme une cheminée.

Grand Wash Trail

B OASIS DE FRUITA

UT 24

L'oasis de Fruita déroule ses **vergers** et prairies le long de la rivière Fremont. Les mormons, installés ici à la fin du 19e s, utilisaient l'eau de la rivière pour cultiver pommiers, poiriers, abricotiers et cerisiers. Les pionniers sont partis, mais les arbres sont restés : cueillette gratuite autorisée pour une consommation sur place ou payante à emporter (rens. au Visitor Center).

C HICKMAN BRIDGE

À l'entrée de Fruita, parking sur la dr.

L'une des randonnées les plus fréquentées du parc mène à l'**arche** naturelle de Hickman. Belles vues sur les canyons alentour.

| ***Randonnée :*** *2,8km AR, niveau facile à modéré.*

D SCENIC DRIVE

Au S de Fruita | 30km AR | Payant

Cette route panoramique longe le flanc ouest de **Waterpocket Fold**, une gigantesque plissement rocheux incliné et long de 160km ! 1re étape, **Grand Wash** (à g.), une piste entre de hautes falaises de grès rouge. Du parking, suivez le **Grand Wash Trail**, au fond d'un canyon, jusqu'au défilé des *narrows.* 2e étape, **Capitol Gorge**, au bout de la route goudronnée et de la piste. Le sentier s'enfonce dans ce défilé sinueux jusqu'à **Pioneer Register** (1,6km), une paroi où les pionniers gravaient leur nom. 3e étape : **Pleasant Creek**, un cours d'eau que l'on peut suivre par un long sentier.

| ***Grand Wash Trail :*** *3,6km AR, facile* | ***Pleasant Creek Trail :*** *au bout de Pleasant Creek Rd (4 x 4 indispensable).*

CAPITOL REEF NATIONAL PARK HÉBERGEMENTS ET RESTOS

Hickman Bridge

1 FRUITA CAMPGROUND
Fruita, au début de la Scenic Dr

- Au bord de la rivière, camping entouré de vergers.
- 71 places pour tentes et camping-cars.

| Ouv tte l'année | Résa possible en été | 25$/nuit | Eau, toilettes, ring fire, tables, électricité | Pas de douche.

2 GIFFORD HOMESTEAD
Oasis de Fruita

- Maison de colons des années 1900 transformée en écomusée.
- Idéal pour une pause tarte maison aux fruits dans la cuisine rétro ou en terrasse.

| De mi-mars à oct | Tlj 8h-17h. | Strawberry rhubarb pie 8$.

3 CHUCKWAGON MOTEL
12 W Main St, Torrey

- Motel au look cosy avec vue sur les Boulder Mountains.
- Chambres modernes, *cabins* familiales (4 pers). Piscine extérieure chauffée.
- Café, boulangerie, épicerie.

| 80-200$/nuit | Fermé nov-mi-mars.

4 RIM ROCK RESTAURANT
2523 E UT 24, Torrey

- Pour dîner avec vue sur les montagnes.
- Cuisine tradi : viandes grillées, truite locale, pâtes et salades.

| Ouv mi-mars-oct | Tlj, au dîner seulement 17h-21h30 | Plats 15-38$.

Gifford Homestead

TRAJET DE CAPITOL REEF À SALT LAKE CITY

• Trajet depuis Torrey: 370km/230miles (4h sans les arrêts).

Pando Aspen Forest

1 MOLLY'S

753 Columbia Ln, Provo

• Une cafèt' servant une cuisine nord-américaine authentique et délicieuse.
• Pain de viande, porc effiloché, sandwichs, tourtes.
| En hiver, mer-ven. 11h-15h ; en été : mar-jeu 11h-15h, ven 11h-20h | Plats 11-15$.

A PANDO ASPEN FOREST

UT25 dir. Fish Lake | Fishlake National Forest

Cette modeste forêt de peupliers faux-trembles (43ha) est le plus grand organisme vivant au monde ! Âgée de plus de 80 000 ans, elle est composée entièrement de clones, issus d'un seul plant, reliés par le même système racinaire. Cette "merveille de l'Amérique" a beau être en déclin, notamment à cause des maladies et de la faune sauvage surabondante, le spectacle de ses feuilles jaunes à l'automne est inoubliable.

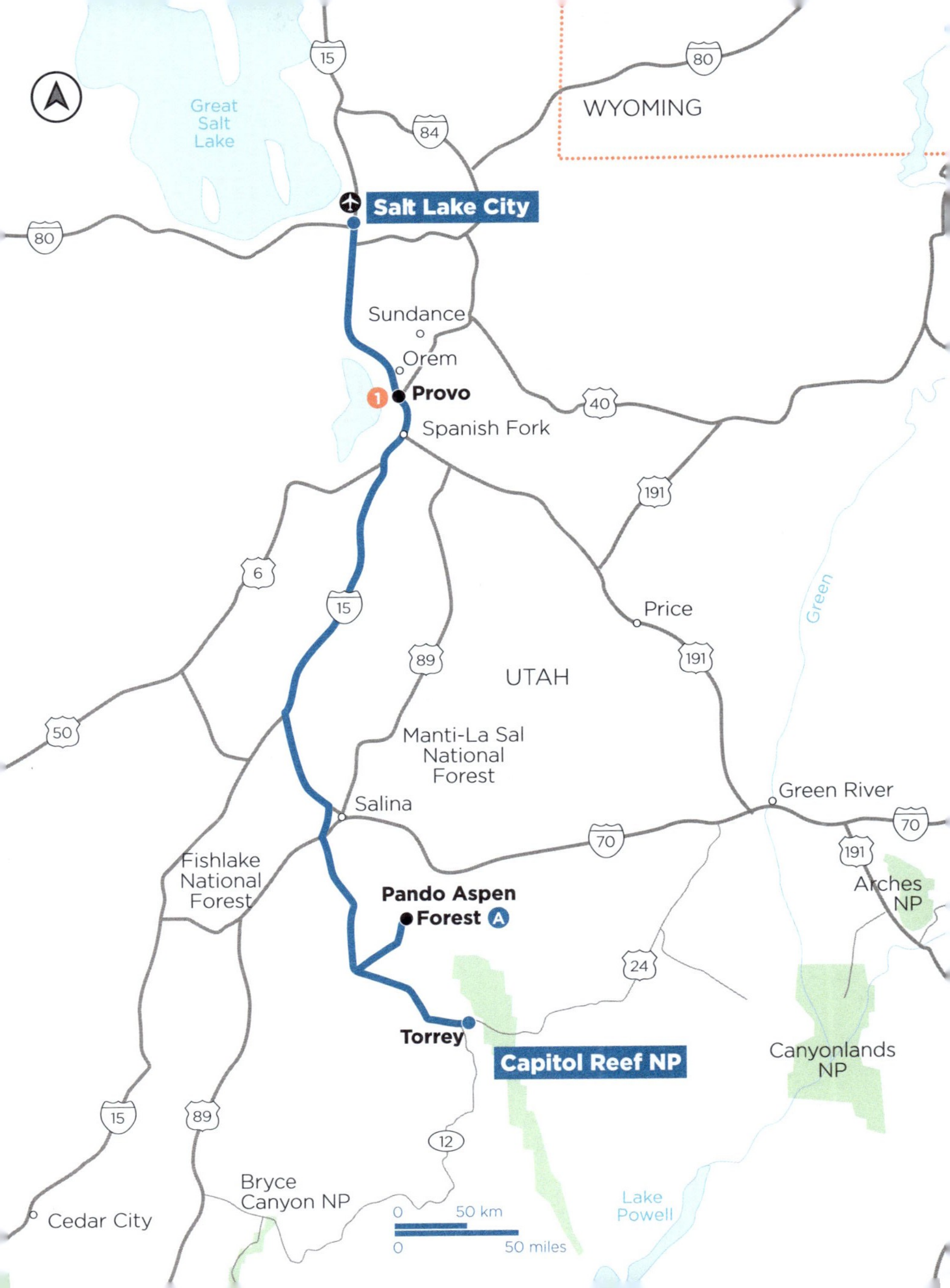
15
80
WYOMING
Great
Salt
Lake
84
Salt Lake City
80
Sundance
Orem
1
Provo
40
Spanish Fork
191
6
15
Price
Green
89
191
UTAH
50
Manti-La Sal
National
Forest
Salina
Green River
70
70
191
Fishlake
National
Forest
Arches
NP
Pando Aspen
Forest A
24
Torrey
Capitol Reef NP
Canyonlands
NP
15
89
12
Bryce
Canyon NP
Cedar City
0
50 km
0
50 miles
Lake
Powell

SALT LAKE CITY

REJOINDRE LE CENTRE-VILLE DEPUIS L'AÉROPORT

Salt Lake City International Airport : à 11km O du centre-ville ; slcairport.com
Tramway (TRAX) : 20min jusqu'à Temple Square Station. Départ : terminal 1. Lun-ven 5h45-23h30, sam-dim 6h30-23h, ttes les 15-20min. **Day Pass :** 6,25$ (rideuta.com).

RÉSERVATIONS

- Très conseillée pour l'**hébergement** : la ville accueillant très souvent des congrès importants, les hôtels sont vite complets.
- Pour assister à un concert du **Tabernacle Choir** à Temple Square, résa conseillée sur thetabernaclechoir.org

SE DÉPLACER DANS SALT LAKE CITY

Temple Square se visite aisément à pied. Pour se rendre à This is The Place Heritage Park, prenez le bus 3 sur W Temple entre 100 S et 200 S.
Bus et tramways : gratuits dans le centre dans une zone délimitée par North Temple, 500 S, 200 E et 400 W. En dehors de cette zone, 2,50$ le ticket, 6,25$ le *pass* pour 1 j.
Voiture : circulation aisée.
Nombreuses aires de stationnement dans la rue (payant et limité à 2h lun-ven, gratuit sam-dim) ou parkings payants (http://citycreekparkingslc.com).

ADRESSE UTILE

Office de tourisme : 90 S W Temple
✆ 801 534 4900, visitsaltlake.com.
Tlj 10h-17h. Infos sur les spectacles, visites guidées et activités sportives dans la région.

VISITER

Temple Square est le centre religieux et touristique de la ville. Les rues sont nommées selon leur situation par rapport au temple : 100 S Temple St est la 1re rue au S de South Temple St, 200 S Temple St la 2e, etc.

Utah State Capitol de Salt Lake City

SALT LAKE CITY

Pause religieuse et *foodie* dans la capitale mormone de l'Utah, tapie dans une vallée cernée de montagnes. Découvrez le centre de la ville, autour de Temple Square, avant de revivre l'aventure des pionniers au This is The Place Heritage Park.

VISITES

- A Temple Square
- B This is The Place Heritage Park
- C Ensign Peak Park

RESTOS ET BARS

1. Red Iguana
2. Manoli's
3. Takashi
4. From Scratch
5. HSL
6. Under Current Bar
7. Beer Bar

Assembly Hall, près de Temple Square

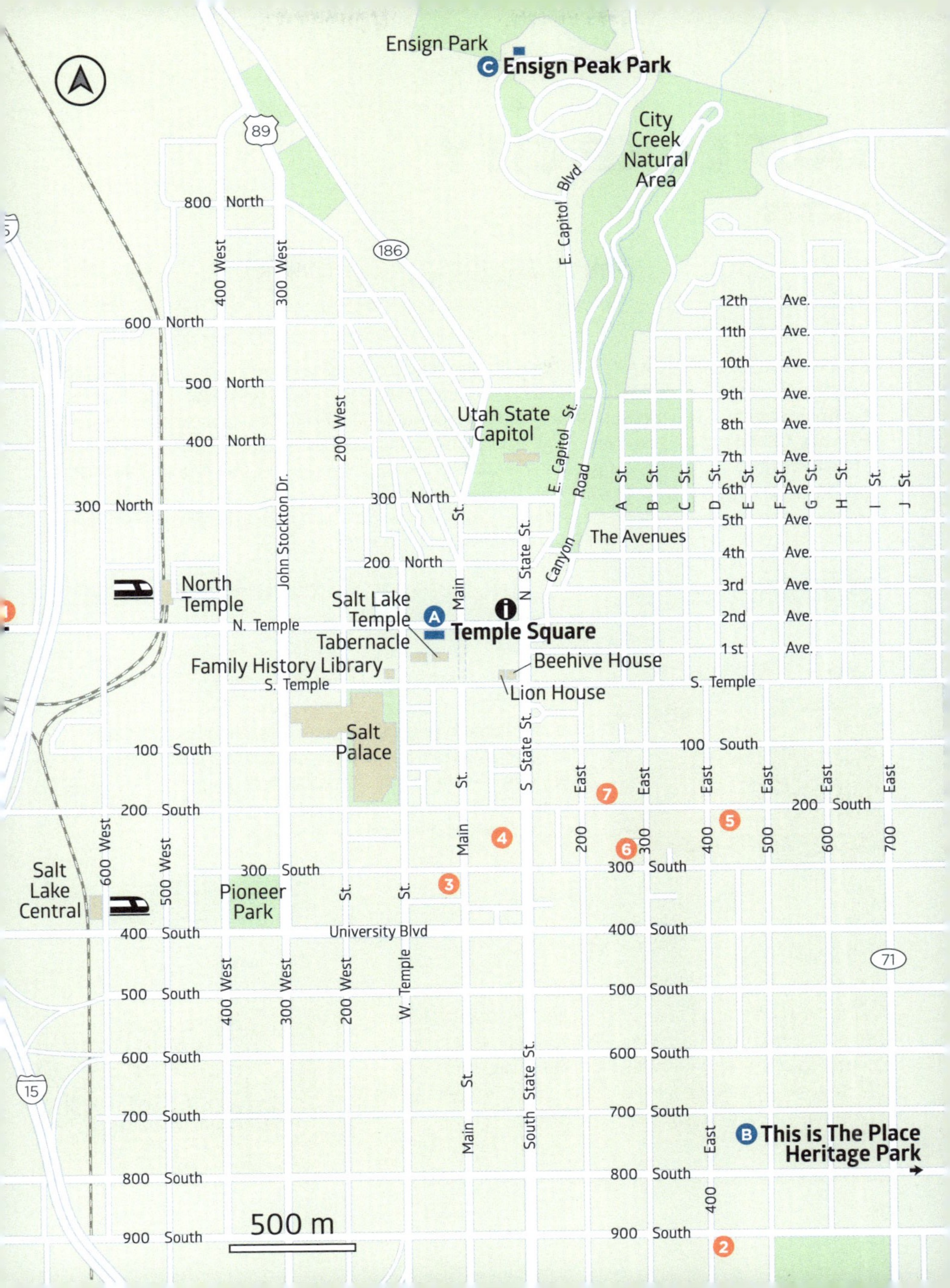

Ensign Park
C Ensign Peak Park
City Creek Natural Area
E. Capitol Blvd
89
186
800 North
600 North
500 North
400 North
300 North
200 North
400 West
300 West
200 West
John Stockton Dr.
Utah State Capitol
E. Capitol St.
Canyon Road
The Avenues
12th Ave.
11th Ave.
10th Ave.
9th Ave.
8th Ave.
7th Ave.
6th Ave.
5th Ave.
4th Ave.
3rd Ave.
2nd Ave.
1 st Ave.
A St.
B St.
C St.
D St.
E St.
F St.
G St.
H St.
I St.
J St.
North Temple
N. Temple
Salt Lake Temple
A Temple Square
Tabernacle
Family History Library
S. Temple
Beehive House
Lion House
Main St.
N State St.
S State St.
Salt Palace
100 South
200 South
300 South
400 South
500 South
600 South
700 South
800 South
900 South
200 East
300 East
400 East
500 East
600 East
700 East
Salt Lake Central
600 West
500 West
Pioneer Park
University Blvd
W. Temple St.
South State St.
71
15
B This is The Place Heritage Park
500 m

SALT LAKE CITY

VISITES

A TEMPLE SQUARE

Entre N et S Temple St, West Temple et State St

C'est dans cette enceinte de 4ha de jardins soignés qu'a débuté la colonie mormone créée par Brigham Young (1847). Elle réunit des lieux historiques et des édifices religieux : le **Salt Lake Temple**, immense église réservée aux seuls mormons, le **Tabernacle** et son orgue, la **Family History Library**, plus grand centre généalogique au monde (ouvert à tous), **Beehive House** et **Lion House**, où vivait Young, ses 27 femmes et ses 53 enfants, ainsi que **Assembly Hall**, salle de réunion mormone, de style gothique victorien.

*| templesquare.com | **Beehive House**: 67 E S Temple St | Lun-sam | Gratuit | **Family History Library**: 35 N W Temple St | Lun-sam | Gratuit | **Tabernacle**: 50 W N Temple | Gratuit | Concert tlj à 12h.*

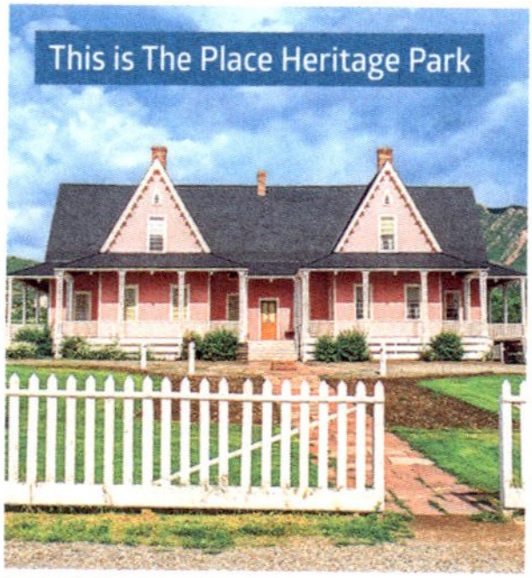
This is The Place Heritage Park

B THIS IS THE PLACE HERITAGE PARK

2601 E Sunnyside Ave | thisistheplace.org | Payant

"This is the place !", c'est la phrase qu'aurait prononcée Brigham Young en juillet 1847 en découvrant le site de la future cité mormone… Ce génial musée en plein air et son village de pionniers reconstitué ramènent à cette période mythique : l'école, la banque, la forge, le drugstore, la mairie… autant de bâtiments d'époque ou des répliques, tous animés par des bénévoles en costume d'époque.

C ENSIGN PEAK PARK

Randonnée facile | 3km AR
| Départ : Ensign Vista Dr

Marchez dans les pas de Brigham Young en vous hissant au sommet d'Ensign Peak ! C'est du haut de ce pic (1650m) dominant le nord de la ville que le second prophète aurait conçu les plans de la nouvelle Sion, alias Salt Lake City. Au coucher du soleil, belle vue sur la vallée, les montagnes Wasatch et Oquirrh.

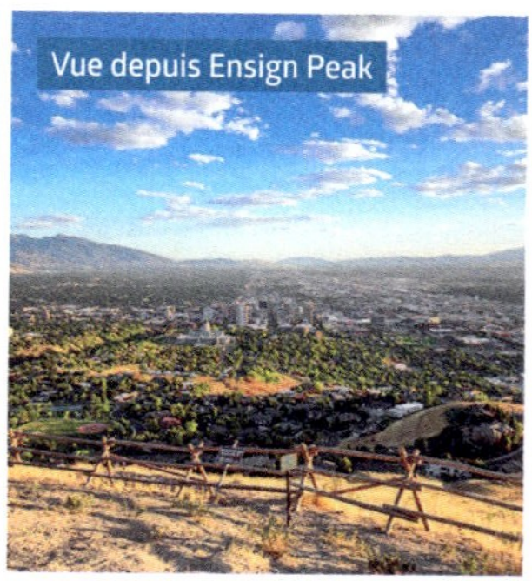
Vue depuis Ensign Peak

SALT LAKE CITY

RESTOS ET BARS

Red Iguana

1 RED IGUANA
736 W N Temple

- Le temple de la cuisine mexicaine à SLC depuis plus de 40 ans.
- À goûter, les tacos Don Ramon, les *mole enchiladas.*

| *Dim-jeu 10h-21h, ven-sam 11h-22h* | *Plats 12-21$.*

2 MANOLI'S
402 E 900 S

- Cuisine grecque créative et raffinée.
- Mezze de la mer, *keftedhes* et burger d'agneau à tester.

| *Mar-ven 17h-22h, sam-dim 10h-14h30 et 17h-22h* | *Plats 18-21$.*

3 TAKASHI
18 W Market St

- Sushis, sashimis et nigiris les plus frais et créatifs de Salt Lake City.
- Spécialités de jarret d'agneau aux shiitakés.

| *Lun-ven 11h30-14h et 17h30-22h, sam 17h30-22h* | *Rolls 12-18$.*

4 FROM SCRATCH
62 E Gallivan Ave

- Une pizzeria où tout est fait maison, mozzarella comprise !
- Mais aussi burgers, salades et sandwichs sur le pouce.

| *Lun-jeu 11h-21h, ven 11h-22h, sam 12h-22h* | *Pizzas 15-16$.*

5 HSL
418 E 200 S

- Bistro américain de cuisine créative. À tester : le burger à la joue de bœuf.
- Options végétariennes.

| *Mar-jeu 17h-21h, ven-sam 17h-22h* | *HLS Burger 26$, Cauliflower Burger 16$.*

6 UNDER CURRENT BAR
270 S 300 E

- Bar à cocktails haut de gamme et décontracté.
- Petite restauration, huîtres, fish & chips, tacos.

| *Tlj 17h-1h (minuit dim)* | *Cocktails 13-18$.*

7 BEER BAR
161 E 200 S

- Bar à bières très populaire et branché de Downtown. Petite restauration.
- Des centaines de bières US et belges.

| *Tlj 12h-1h* | *Bières 6-13$* | *Saucisses 8-12$, frites 5-12$.*

ESCAPADE À LA JOURNÉE DEPUIS SALT LAKE CITY

LE GRAND LAC SALÉ

À LA DÉCOUVERTE D'ANTELOPE ISLAND

- **Boucle de 200km/120miles.**
- **À Salt Lake, prendre la i15 vers le nord jusqu'à la sortie 332, puis suivre Antelope Island State Park.**
- **Il faut 1h env pour atteindre Bridger Bay.**

Rivage du Great Salt Lake

A GREAT SALT LAKE

C'est le plus grand lac salé d'Amérique et l'un des plus grands du monde. Il est alimenté par trois rivières, mais toute son eau s'évapore au lieu de s'évacuer par un autre cours d'eau. Le sel, lui, s'accumule, au point que le lac en présente aujourd'hui l'une des plus fortes concentrations au monde – il est même parfois surnommé « la mer Morte américaine ». Aujourd'hui, c'est le royaume des oiseaux migrateurs.

1 ISLAND BUFFALO GRILL

4528 W 1700 S (plage de Bridger Bay)

- Fast-food face à Bridger Bay.
- Décor minimaliste et vue imprenable sur le lac.

| Mars-oct : lun-sam 11h-19h, dim 12h-18h ; fermé l'hiver (sf parfois le w-e ; se rens.) | Buffalo Burger 12$.

Bisons sur Antelope Island

B ANTELOPE ISLAND

Antelope Island State Park | Payant

Accessible par une longue digue carrossable, c'est la plus grande des dix îles que compte le Great Salt Lake. Allez flotter comme un bouchon à **Bridger Bay,** randonner à pied ou à cheval dans ses paysages plats et herbeux, où paissent bisons et antilopes d'Amérique, ou suivez la **Scenic Dr** (Antelope Island Rd) jusqu'à **Fielding Garr Ranch.**

| stateparks.utah.gov/parks/antelope-island

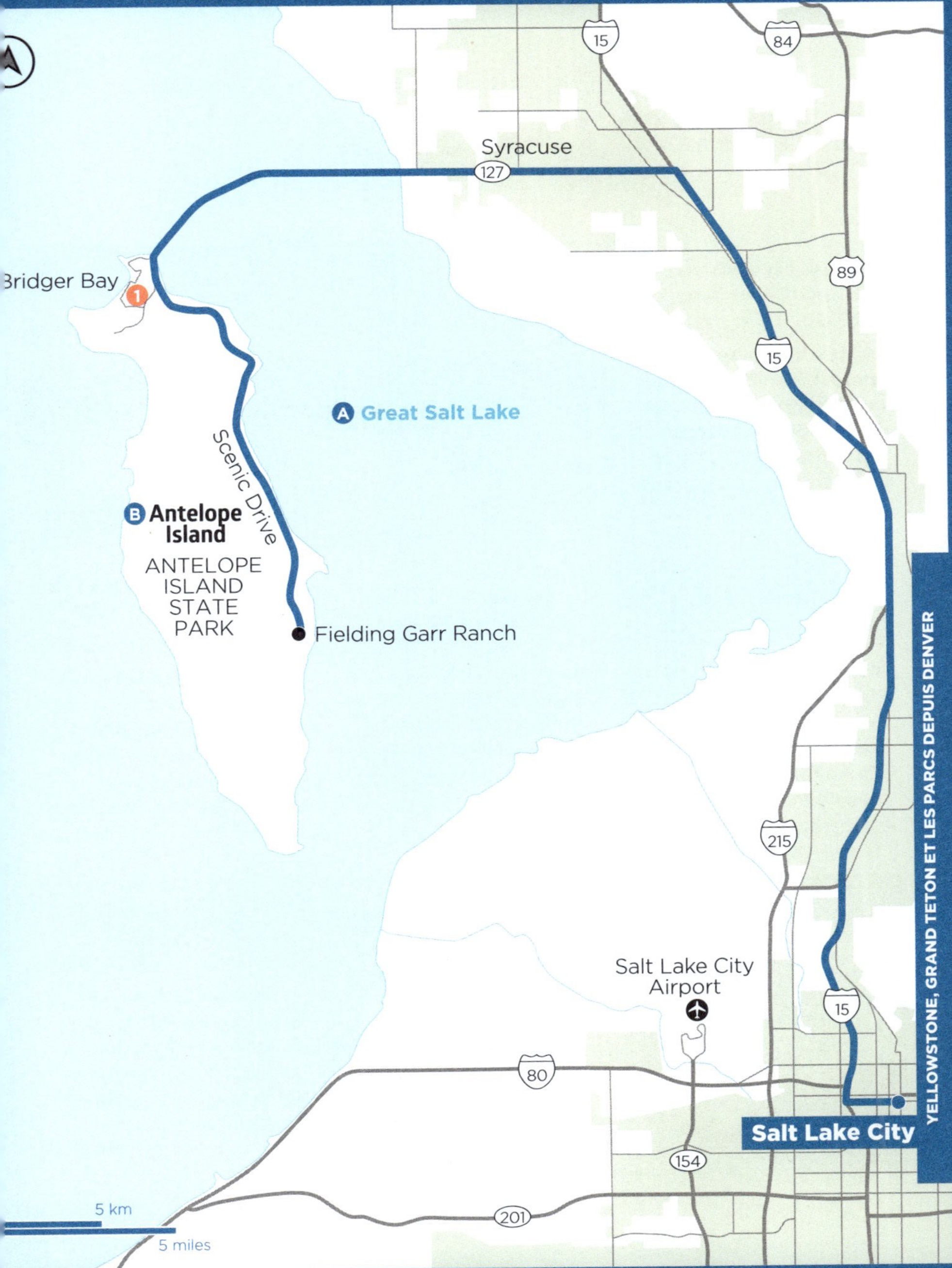
Syracuse
127
15
84
89
Bridger Bay
1
Great Salt Lake
A
Scenic Drive
B Antelope Island
ANTELOPE ISLAND STATE PARK
Fielding Garr Ranch
215
Salt Lake City Airport
80
154
201
Salt Lake City
5 km
5 miles

TRAJET DE SALT LAKE CITY À GRAND TETON

- **Trajet en voiture : 450km/280miles (5h30 sans les arrêts).**
- **Possibilité de passer la nuit dans un camping ou un lodge dans Logan Canyon ou à Bear Lake, voire à Jackson, aux portes de Grand Teton NP.**

Bear Lake

A LOGAN

US 89/191

La petit cité mormone du nord de l'Utah, aux jolies maisons victoriennes, est célèbre pour son **festival** dédié à l'opéra et à la comédie musicale au Ellen Eccles Theatre.

| ***Festival :*** *utahfestival.org* | *Juil.*

1 HERM'S INN

1435 Canyon Rd, Logan

- Une institution locale fondée en 1900 où déguster des classiques américains.
- Nachos, burgers, salades, sandwichs, pancakes, BBQ.

| *Mar-dim 8h-14h* | *Plats 12-16$.*

B LOGAN CANYON SCENIC BYWAY

Sur la route de **Bear Lake**, on emprunte Logan Canyon, le long d'une route tout en virages, où rugit Logan River. Arrêtez-vous au **Bear Lake Overlook** pour profiter de la vue sur le lac.

Jackson

C JACKSON

US 89/191

Jackson (ou Jackson Hole) est la porte d'entrée de Grand Teton. Nombreux motels, hôtels et restos, et un bar mythique : le **Silver Dollar Bar**.

| ***Silver Dollar Bar :*** *50 N Glenwood*
| *Tlj 7h-21h*

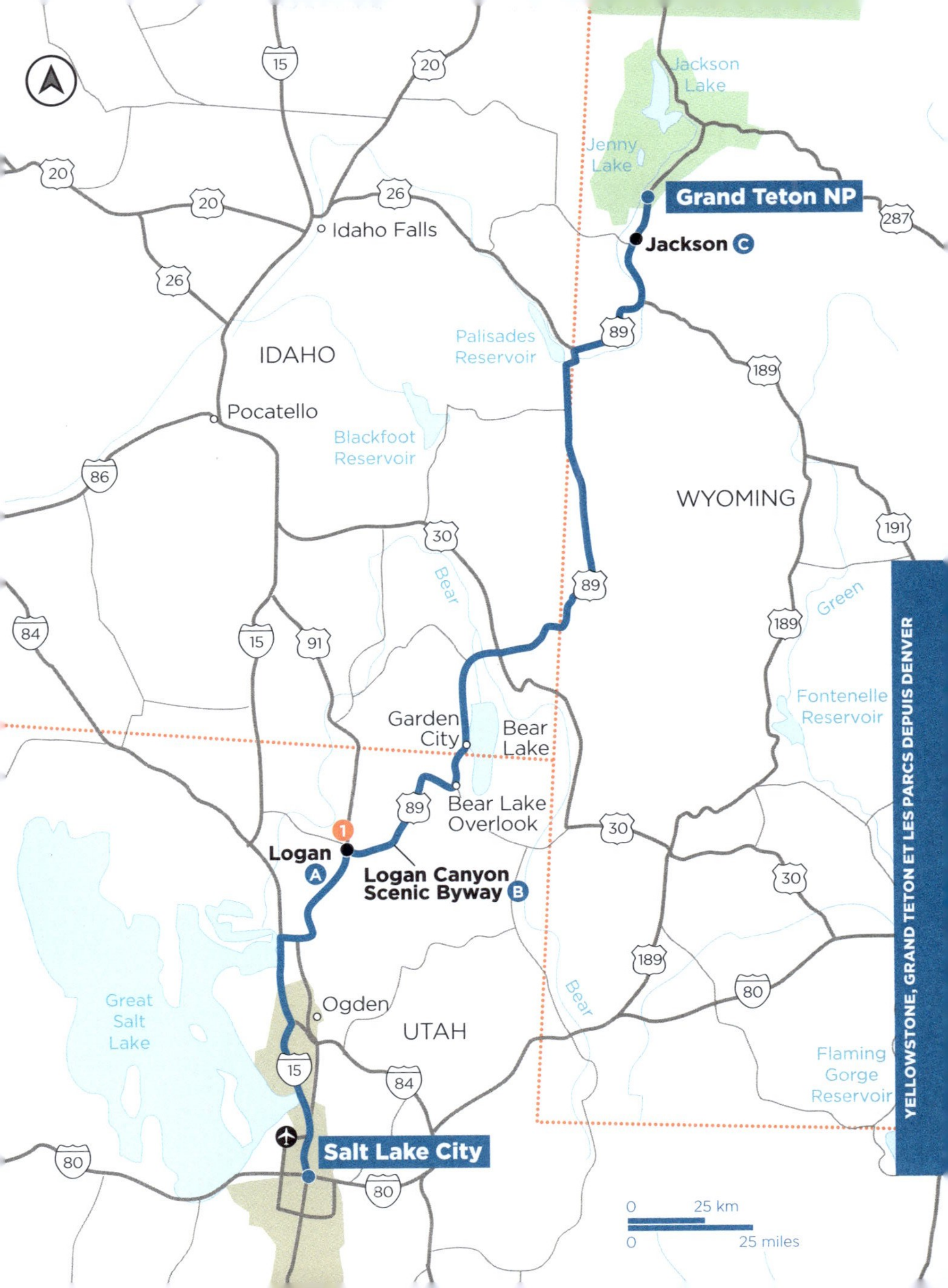
YELLOWSTONE, GRAND TETON ET LES PARCS DEPUIS DENVER
Grand Teton NP
Jackson C
Jackson Lake
Jenny Lake
Idaho Falls
IDAHO
Palisades Reservoir
Pocatello
Blackfoot Reservoir
WYOMING
Bear
Green
Fontenelle Reservoir
Garden City
Bear Lake
Bear Lake Overlook
Logan A
Logan Canyon Scenic Byway B
Great Salt Lake
Ogden
UTAH
Flaming Gorge Reservoir
Salt Lake City
0 25 km
0 25 miles
15
20
26
287
89
189
86
30
191
84
91
80

GRAND TETON NATIONAL PARK

REJOINDRE GRAND TETON NATIONAL PARK

Route fermée l'hiver (nov-avril) : US 89/191 au N de Flagg Ranch, Teton Park Rd, Signal Mountain Rd.

CONSEILS ET DANGERS

Saisons : haute saison mai-sept. pour la randonnée et le camping ; déc-mars pour le ski et la randonnée à raquettes.
Arrivée : avant 9h en haute saison pour trouver facilement une place de parking, notamment à Jenny Lake.
Dangers : ours noirs et grizzlys sont très nombreux dans le parcs (400 environ) ; bombe de gaz poivre *(bear spray)* et conteneurs à nourriture obligatoires pour partir en randonnée dans le *backcountry*.
Foudre : l'été, les orages dans le parc sont violents, suivez les conseils des rangers.
Baignade : déconseillée dans les rivières, mais possible dans les lacs (eaux très fraîches).

INFOS PRATIQUES

Prévoir 1 à 2 jours dans le parc selon les randonnées envisagées.

Ouverture : toute l'année.
Tarifs : 35$ (7 j.) ; inclus dans le *pass* America the Beautiful.
Péages : Granite Canyon Entrance (Moose-Wilson Rd) ; autre entrée possible à Moose (Teton Park Rd).
Internet : nps.gov/grte
Visitor Centers : Craig Thomas, 100 Discovery Way, Moose ✆ 307 739 3399. Avr tlj 10h-16h, mai-oct tlj 9h-17h (juil-août 18h). Autres centres à Jenny Lake et Colter Bay Village. **Backcountry information Centers :** Craig Thomas, Jenny Lake et Colter Bay Village Visitor Centers.
General Store (supérette) **:** Dornans Trading Post (à Moose), tlj 8h-20h (fermé nov.) ; à Colter Bay Village, tlj fin mai-sept 7h30-21h.
Essence : Dornans, Moose (toute l'année, 24h/24) ; Jackson Lake Lodge (mai-sept).

BACKCOUNTRY PERMIT

Obligatoire pour camper dans le parc hors sites aménagés. **Demande :** en ligne sur recreation.gov, retrait sur place avant 10h le matin du départ en randonnée ; sur place auprès des Park Permit Offices la veille du départ. **Tarif :** 45$ en ligne ; 35$ sur place.
Rens. : Backcountry Information Center.

Grizzly à Grand Teton

CIRCULER À GRAND TETON NP

• **US 89/191 :** route la plus à l'est du parc pour le traverser rapidement via Moose et Moran jusqu'à l'entrée de Yellowstone NP (ouv tte l'année jusqu'à Flagg Ranch, mai-oct seulement au-delà).
• **Moose-Wilson (WY 390) et Teton Park Rd :** de Grand Teton Village à Moose, puis de Moose à Jenny Lake, ces deux routes passent au plus près des montagnes et donnent accès aux départs des randonnées. Teton Park Rd rejoint la US 89/191 au niveau de Jackson Junction (ouv mai-oct).
• **Scenic Dr :** Jenny Lake Rd (6,5km) ; Signal Mountain Rd (7km).

HÉBERGEMENT

Réservation : 3-4 mois à l'avance pour les lodges ; pas de résa possible pour les campings ("premier arrivé, premier servi").
• **Camping :** 6 campings aménagés (mai-sept) à Jenny Lake, Gros Ventre, Signal Mountain, Colter Bay Village, Lizard Creek et Flagg Ranch (Headwaters). **Camping-cars** autorisés.
• **Lodges et cabins :** Colter Bay Cabins, Headwaters Lodge at Flagg Ranch, Jackson Lake Lodge, Signal Mountain Lodge. **Grand Teton National Park Lodges :** gtlc.com

GRAND TETON NATIONAL PARK

Expérience 100% nature au cœur de ce parc national dominé par les sommets enneigés de Teton Range. Au pied des montagnes, entre randonnées et canotage sur les lacs, découvrez troupeaux de bisons et de wapitis, castors et loutres.

VISITES ET ACTIVITÉS

- A Phelps Lake
- B Jenny Lake et Cascade Canyon
- C Signal Mountain
- D Jackson Lake et Colter Bay Village

HÉBERGEMENTS ET RESTOS

1. Jenny Lake Campground
2. Colter Bay Campground
3. Colter Bay Village
4. Jackson Lake Lodge
5. Dornans Chuckwagon
6. Cafe Court Pizzeria
7. Mural Room

Jenny Lake

YELLOWSTONE NATIONAL PARK
Flagg Ranch
John D. Rockefeller Jr
Memorial Parkway
89
287
Lizard
Creek
191
D Jackson Lake
GRAND TETON NP
Targhee National Forest
Teton
Range
Colter Bay Village
D 2 3 6
Jackson Lake Lodge 4 7
Bridger
Teton
National
Forest
Moran
Signal Mountain C
Buffalo Fork
26
287
Leigh
Lake
B Cascade Canyon
Jenny Lake
B 1
191
Snake
WYOMING
26
89
Moose 5
Moose Wilson Road
Phelps Lake A
Atherton
Creek
Red
Hills
Gros Ventre
Crystal Creek
Teton Village
Jackson Hole Airport
National Elk Refuge
390
191
22
Jackson
0
10 km
0
10 miles

GRAND TETON NATIONAL PARK VISITES ET ACTIVITÉS

A PHELPS LAKE

Moose-Wilson Rd | Randonnée de niveau modéré

Randonnée peu touristique jusqu'au lac de Phelps dans son écrin de pins verts. Randonnées possibles depuis le sentier de Death Canyon, jusqu'au promontoire (3,2km AR) ou boucle autour du lac.

B JENNY LAKE ET CASCADE CANYON

L'une des plus belles randonnées du parc est aussi la plus populaire. On peut faire le tour du lac (12km, 5h, modéré) ou prendre le bateau (au niveau du Visitor Center ; payant) pour rejoindre le sentier de Cascade Canyon menant à **Hidden Falls** (7,5km, 3h, modéré), une cascade magnifique, puis au point de vue de **Inspiration Point** (+1km AR) et enfin, pour les plus endurants, au fond de cette vallée suspendue (+12km AR).

C SIGNAL MOUNTAIN

Teton Park Rd, puis Signal Mountain Rd

Une belle route carrossable monte à travers les pins au sommet de Signal Moutain (2350m) d'où l'on jouit d'un point de vue exceptionnel sur la vallée de Jackson Hole et la chaîne Teton.

D JACKSON LAKE ET COLTER BAY VILLAGE

Le grand lac de Jackson reçoit les eaux de fonte des glaciers de Grand Teton et de Yellowstone via la rivière Snake. On peut suivre la US 89/191 jusqu'à Colter Bay Village, puis y louer un bateau à moteur ou un canoë pour explorer le lac à sa guise et s'y baigner (mais l'eau est très fraîche, même en été).

Jackson Lake

GRAND TETON NATIONAL PARK HÉBERGEMENTS ET RESTOS

1 JENNY LAKE CAMPGROUND
Jenny Lake

• Dans les pins, avec vue superbe sur les montagnes.
• 50 places pour tentes.
| Résa sur recreation.gov (jusqu'à 6 mois à l'avance) | Mai-sept, arriver av 9h | 13$, 41$ si voiture | Toilettes, ring fire, table pique-nique | Ni douche, ni électricité.

2 COLTER BAY CAMPGROUNG
Colter Bay Village

• Idéalement placé, avec vue sur la chaîne Teton.
• 324 places pour tentes et camping-cars.
| Résa sur recreation.gov (jusqu'à 6 mois à l'avance) | Fin mai-sept | 13$, 45$ si voiture, 71$ avec électricité) | Douches payantes.

3 COLTER BAY VILLAGE
Colter Bay Village

• Au bord de Jackson Lake.
• *Cabins* en rondins de 1 à 2 chambres et tentes-cabines au confort plus sommaire.
| Fin mai-déb sept (tentes-cabines août) | Cabin : env 230$ (sdb privative), tente-cabine : env 93$ (toilettes et douche sur site).

4 JACKSON LAKE LODGE
101 Jackson Lake Rd, Moran

• Au bord de Jackson Lake, une superbe vue sur le lac et les montagnes.
• 37 chambres d'hôtel et 348 chambres en cottages au confort luxueux.
| Mi-mai-début oct | 400-460$/nuit.

Jackson Lake Lodge

5 DORNANS CHUCKWAGON
12170 Dornans Rd, Moose

• Barbecue façon pionnier ou sous abri, face aux montagnes.
• Petit déjeuner, pizzas, burgers, viandes, poissons…
| Tlj juin-début sept | Salades 11-15$, Grilled New York Strip 28$, Blackened Idaho red Strout 19$.

6 CAFE COURT PIZZERIA
100 Colter Bay Village Rd, Moran

• Cafétéria et pizzeria dans une salle entièrement vitrée.
• Salades, burgers, pizzas, sandwichs.
| Fin mai-sept tlj 11h-21h30 | Pizzas 20-27$.

7 MURAL ROOM
Jackson Lake Lodge, Moran

• Resto chic aux grandes baies vitrées pour une vue imprenable sur le lac.
• Bœuf, gibier et poissons locaux. Plats tradi et raffinés.
| Tlj mi-mai-sept | Salades 15-18$, Seared natural chicken breast 35$, Grilled Elk Ribeye 53$.

TRAJET DE GRAND TETON À YELLOWSTONE

- **Trajet en voiture: 50km/30miles (45min env).**
- **Attention, la route entre Flagg Ranch et Yellowstone est fermée aux voitures de nov à avr.**

A JOHN D. ROCKEFELLER JR. MEMORIAL PARKWAY

US 89/191 (John D. Rockefeller Jr. Parkway) | Gratuit

Ce parc d'État est une zone tampon entre les montagnes élevées de Grand Teton et le relief volcanique de Yellowstone. Sur plus de 40km, sa route panoramique file vers le nord, épousant les méandres de Snake River, à travers une forêt épaisse. **Flagg Ranch**, dernière étape avant l'entrée S de Yellowstone, a un **Visitor Center** de poche qui est une mine d'infos sur les randonnées et la faune locales.

| ***Visitor Center**: juin-sept.*

1 HEADWATERS LODGE & CABINS

Des *cabins* de luxe, des *camper cabins* abordables, un camping pour tentes et camping-cars de 175 places et un chouette **resto** tout en rondins façon trappeur... Flagg Ranch est décidément une bonne étape sur le chemin de Yellowstone. Situé entre les deux parcs, Flagg Ranch est aussi moins fréquenté que les sites des parcs, une solution pour les visiteurs qui n'auraient pas pu réserver d'hébergement.

| Flagg Ranch, 100 Grassy Lake Rd, Hwy 89, Moran | Juin-sept | Tente 47$, Camper Cabin 90$ (avec douche), camping-cars 75$, Deluxe Cabin 325$.

Snake River

MONTANA
191
14
16
20
Grand Loop Road
Yellowstone Lake
Yellowstone NP
Shoshone Lake
Lewis Lake
89
287
Lewis
191
Yellowstone
Snake
1
Flagg Ranch
Snake
John D. Rockefeller Jr Memorial Parkway A
89
WYOMING
IDAHO
Jackson Lake
Colter Bay
Bridger-Teton National Forest
Buffalo Fork
Moran
26
287
Leigh Lake
String Lake
Jenny Lake
Elk
191
Snake
26
89
Moose
33
Gros Ventre
390
Grand Teton NP
22
191
Jackson
0
10 km
0
10 miles

YELLOWSTONE NATIONAL PARK

REJOINDRE YELLOWSTONE NATIONAL PARK

Routes fermées en hiver (fin oct à mi-avr) : US 89/191 de Flagg Ranch à Grant Village et toutes les routes intérieures du parc (sauf la route Gardiner-Cooke City). Les visiteurs laissent leur véhicule à l'entrée et empruntent autobus à neige ou motoneige pour rejoindre les sites d'intérêt et les hébergements.

CONSEILS ET DANGERS

Prévoir au moins 2 nuits sur place pour percevoir toute la richesse de ce parc national, très étendu

Saisons : haute saison juil-août. Mai, juin et sept sont moins fréquentés ; déc-mars pour le ski et la randonnée à raquettes.
Arrivée : avant 9h en haute saison pour trouver facilement une place de parking, notamment à Jenny Lake.
Dangers : ours noirs et grizzlys sont très nombreux dans le parcs : gaz poivre (*bear spray)* et conteneurs à nourriture obligatoires pour partir en randonnée dans le *backcountry*. Ne pas s'approcher des animaux.
La foudre : l'été, les orages dans le parc sont violents, suivez les conseils des rangers.
Baignade : bien entendu interdite dans les bassins et sources thermales. Déconseillée dans les rivières, mais possible dans les lacs (eaux très fraîches).
Restez sur les sentiers balisés (eau bouillante, sol instable).

INFOS PRATIQUES

Ouverture : toute l'année mais attention à l'état des routes.
Tarifs : 35$ (7 j.) ; inclus dans le *pass* America the Beautiful. Achat au péage ou sur yourpassnow.com
Péage : 5 points d'accès. South Entrance Station est à 4 km N de Flagg Ranch.
Internet : nps.gov/yell
Visitor Centers : Grant Village. ✆ 307 344 2650, mai-début oct tlj 8h-18h.
Old Faithful (prévisions d'éruptions), mi-avr-oct tlj 8h-20h ; mi-déc-mi-mars tlj 9h-17h.
Fishing Bridge : juin-sept tlj 8h-19h, oct-mai tlj 8h-17h.
Backcountry Information Centers : à South Entrance Station, Old Faithful Ranger Station et autres Visitor Centers du parc.
General Store : Mammoth General Store, tlj 9h-18h (8h-20h l'été) ; Canyon General Store, mi-avr-fin oct tlj 7h30-21h30 ; Old Faithful General Store, mi-avr-fin oct tlj 7h30-21h30.

BACKCOUNTRY PERMIT

Obligatoire pour camper hors sites aménagés.
Tarif : par loterie ou sur place (Visitor Centers ou *ranger stations*, 48h à l'avance), 5$/pers/nuit + 10$; par resa sur recreation.org, 50$.
Rens. : Backcountry Information Center ; journal gratuit *Backcountry Trip Planning.*

Grand Prismatic Spring

VISITER YELLOWSTONE NATIONAL PARK

- **Geysers et sources d'eau chaude:** on emprunte des promenades en bois aménagées autour des sites pour observer geysers et sources en toute sécurité.
- **Grand Loop Rd (230km; f. nov-avr):** itinéraire en boucle au départ de Grant Village (Visitor Center) **desservant tous les sites d'intérêt**: West Thumb Geyser Basin, Old Faithful Geyser et Geyser Country, Artists Paintpots, Norris, Mammoth Hot Springs, Tower-Roosevelt, Canyon Village et lac de Yellowstone.
- **Basse boucle (155km; f. nov-avr):** à Norris, emprunter la Norris Canyon Rd pour rallier directement Canyon Village.

HÉBERGEMENT

Réservation: 6 mois voire 1 an à l'avance pour les lodges; 4-6 mois pour les campings. yellowstonenationalparklodges.com Yellowstone est très fréquenté.

- **Campings:** 7 campings réservables sur recreation.gov : Indian Creek, Lewis Lake, Mammoth, Norris, Pebble Creek, Slough Creek, Tower Fall. 5 campings réservables par yellowstonenationalparklodges.com : Grant Village, Madison, Canyon, Fishing Bridge, Bridge Bay Canyon. Ouv de fin mai à mi-sept (sf celui de Madison, ouv de fin avr à fin oct).

YELLOWSTONE NATIONAL PARK

Un volcan actif, l'une des plus grandes caldeiras du monde, plus de 10 000 phénomènes géothermiques, une centaine de geysers, des sources d'eau chaude, des troupeaux de bisons, des ours et des loups à foison... Bienvenue dans le parc national le plus bouillonnant du pays!

Troupeau de bisons près de Upper Geyser

VISITES ET ACTIVITÉS

- A Grant Village
- B West Thumb Geyser Basin
- C Upper Geyser Basin
- D Norris Geyser Basin
- E Mammoth Hot Springs
- F Observer les animaux
- G Yellowstone Canyon
- H Yellowstone Lake

HÉBERGEMENTS ET RESTOS

1. Grant Village Campground
2. Pebble Creek Campground
3. Canyon Lodge & Cabins
4. Grant Village Dining Room
5. Old Faithful Inn
6. Terrace Grill
7. Canyon Lodge Eatery

MONTANA
Northeast Entrance
Mammoth Hot Springs
E 6
Grand Loop Road
Yellowstone
Lamar Valley
Observer les animaux
F
2
Tower Roosevelt
212
Soda Butte Cr.
Yellowstone Canyon
G
Mount Washburn
Grand Loop Road
Beaver Lake
Lamar
89
Museum of NP Ranger
Norris Geyser Basin
D
Canyon Village
3 7
Inspiration Point
Artist Point
Visitor Center
West Entrance
Madison
Grand Loop Road
West Yellowstone
Firehole
191
Mud Volcano et Sulphur Caldron
Lower Geyser Basin
Fountain Paint Pot
Firehole Lake Drive
Lake Village
Fishing Bridge
14
Midway Geyser Basin et Grand Prismatic Spring
16
East Entrance
Upper Geyser Basin
C
Black Sand Basin
Old Faithful Geyser
5
Visitor Center
Grand Loop Road
Yellowstone Lake
H
20
Cody
West Thumb Geyser Basin
B
Visitor Center
Grant Village
A 1 4
Shoshone Lake
Lewis Lake
89
YELLOWSTONE NP
287
Lewis
191
Snake
Yellowstone
South Entrance
WYOMING
Flagg Ranch Village
Snake
89
0
10 km
0
10 miles

YELLOWSTONE NATIONAL PARK VISITES ET ACTIVITÉS

A GRANT VILLAGE

US 89/191

Sur les rives du Yellowstone Lake, ne manquez pas l'**exposition sur le feu**: l'incendie de 1988, causé par la foudre, brûla 4 mois et décima 35% du parc !

| ***Expo :** au Visitor Center* | *Mai-déb. oct, tlj 8h-18h* | *Gratuit.*

West Thumb Geyser Basin

B WEST THUMB GEYSER BASIN

Grand Loop Rd (US 89)

Suivez la passerelle de 1km aménagée sur la rive du lac de Yellowstone pour voir des sources chaudes aux couleurs spectaculaires (Black Pool) et des marmites de boue bouillonnantes.

Old Faithful Geyser

C UPPER GEYSER BASIN

Grand Loop Rd (US 89) | *De Grant Village et Madison*

Le long de Firehole River, Geyser Country concentre une bonne partie des 300 geysers du parc. Ouvrez l'œil, on voit aussi de nombreux bisons et wapitis dans toute la zone.

La star d'Upper Geyser Basin, c'est **Old Faithful**, le "vieux fidèle" : il crache jusqu'à 50 000 l d'eau toutes les 90min env à près de 50m de hauteur ! Le site abrite aussi le **Grand Geyser**, qui jaillit toutes les 6 à 9h jusqu'à 60m. Pour une vue générale de la zone, grimpez jusqu'à Observation Point, la balade est courte et facile (1,5km AR). **Grand Prismatic Spring**, à Midway Geyser Basin, est la plus grande et la plus belle source d'eau chaude du parc, avec ses teintes rouges, jaunes, vertes et bleues provoquées par des micro-organismes thermophiles. Ne manquez pas, à côté, les eaux vaporeuses d'**Excelsior Geyser**, dont la dernière éruption, en 1985, dura plus de 40h ! Enfin, à Lower Geyser Basin, direction les mares de boue bouillonnantes aux teintes roses de **Fountain Paint Pot** et **Red Spouter**, dont les grosses bulles éclatent avec des bruits très suggestifs.

| *Vérifier les horaires des éruptions au Visitor Center.*

Norris Geyser Basin

D NORRIS GEYSER BASIN

Grand Loop Rd (US 89) | Itinéraires : 30-90min | Plan de la zone en vente à l'entrée du site

C'est la zone volcanique la plus chaude et la plus active du parc. Deux sentiers en boucle permettent d'approcher geysers, bassins de boue *(mudpots)* et bassins acides. Le long du **sentier de Back Basin** (1km) **Steamboat,** le plus haut geyser du monde (120m), jaillit de façon imprévisible (4 j. à...10 ans !). Rabattez-vous sur **Echinus**, **Veteran** et **Minute**, aux jaillissements plus fréquents, voire continus pour certains.

E MAMMOTH HOT SPRINGS

Grand Loop Rd (US 89)

Des terrasses d'un blanc étincelant dévalées par des sources d'eau chaude. La dissolution du calcaire par les eaux libère du carbonate de calcium qui se sédimente en surface, formant cette roche blanche. Étonnant !

F OBSERVER LES ANIMAUX

Ranger Station de Tower-Roosevelt

"Dans Lamar Valley à l'est du parc, plusieurs randonnées sont possibles. Jumelles en bandoulière, partez à l'aube pour avoir une chance de voir bisons, wapitis, renards roux, ours et loups."

Mammoth Hot Springs

YELLOWSTONE NATIONAL PARK VISITES ET ACTIVITÉS

G YELLOWSTONE CANYON

Les eaux chaudes acides des sources et la rivière Yellowstone ont creusé ce formidable canyon de 300m de profondeur, dont la roche "jaune" a valu au parc son nom. Les eaux de Yellowstone River entrent dans le canyon via deux chutes **Upper Fall** (33m) et **Lower Fall** (94m), à admirer depuis **Uncle's Tom Point**. On découvre le canyon depuis ses rives à travers une série de points de vue reliés par des sentiers – **North Rim Trail** au N (4km), South Rim Trail au S (2,8km). Ne manquez pas le panorama depuis **Artist Point**, à l'extrémité du sentier de la rive sud.

H YELLOWSTONE LAKE

Le plus grand lac d'altitude (2 350m) d'Amérique du Nord s'étend au pied de la chaîne Absaroka, au fond d'un cratère volcanique. Il subit lui aussi la géothermie du parc : geysers et sources d'eau chaude permettent à certaines zones de ne pas geler l'hiver. Néanmoins, ses eaux restent glaciales toute l'année ! Découvrez-le en kayak, en bateau à moteur ou lors d'une minicroisière.
*| **Kayak :** Départ de Grant Village | geyserkayak.com | Payant.*
*| **Croisière ou bateau à moteur :** | Départ de la marina de Bridge Bay | yellowstonenationalparklodges.com | Juin à mi-sept | Payant.*

Yellowstone Canyon

YELLOWSTONE NATIONAL PARK HÉBERGEMENTS ET RESTOS

1 GRANT VILLAGE CAMPGROUND
Grant Village

- Ombragé sous des pins, sur la rive du Yellowstone Lake.
- Plus de 400 places pour tentes et camping-cars.

| Juin-mi-sept | 34$/nuit | Résa possible | Toilettes et douches | Pas d'électricité | Proche General Store, restaurant.

2 PEBBLE CREEK CAMPGROUND
Près de l'entrée nord-est

- Camping isolé de 27 places.
- Pratique pour randonner dans Lamar Valley.

| Juin-sept | 20$/nuit | 1er arrivé, 1er servi (arriver avant 10h), pas de résa | Toilettes, ring fire, table de pique-nique, eau potable | Ni douche ni électricité

3 CANYON LODGE & CABINS
41 Clover Ln, Canyon Village

"Canyon est notre secteur préféré pour découvrir le parc. Optez pour les West Cabins, plutôt chères, mais tranquilles et confortables."

| De mi-mai à début-oct | Résa possible | 280-420$/nuit.

Old Faithful Inn

4 GRANT VILLAGE DINING ROOM
Grant Village

"Notre adresse fétiche pour manger des classiques locaux (viande de bison, poisson) avec vue sur le lac Yellowstone."

| Fin mai-sept, tlj 6h30-10h et 17h-22h | Plats 13-33$.

5 OLD FAITHFUL INN
Old Faithful

- À deux pas du Old Faithful Geyser, une immense auberge en bois dotée d'une salle de caractère.
- Spécialités régionales.

| Mai-mi-oct, tlj 6h30-10h, 11h30-14h30 et 17h-22h | Buffet 40$.

6 TERRACE GRILL
Mammoth Hot Springs

- Une option bon marché et rapide idéale pour les familles.
- Burgers, sandwichs, hot dogs, salades…

| Ouv fin avr-mi-oct, tlj | Burgers 4,50-12$, hot dogs 5-8$.

7 CANYON LODGE EATERY
Canyon Village

- Une cafétéria moderne et colorée où l'on peut composer soi-même ses plats avec différentes bases (riz, noodles, légumes, viandes).

| Mi-mai-mi-oct, 6h30-10h, 11h30-15h et 17h-21h30 | Plats 11-22$.

TRAJET DE YELLOWSTONE À ROCKY MOUNTAIN

- **Trajet en voiture : 930km/580miles en passant par Cody soit 10h sans les arrêts (780km en trajet direct, soit 8h).**
- **Prévoyez de passer la nuit à Casper ou à Cheyenne.**

A CODY

À 125km de Yellowstone via US 14

Ville touristique fondée en 1895. Visitez le **Buffalo Bill Center of the West** pour tout savoir sur William F. Cody et son célèbre Wild West Show.

*| **Buffalo Bill Center** : 720 Sheridan Ave | centerofthewest.org | Payant.*

Cody

B HOT SPRINGS STATE PARK

168 Tepee St, Thermopolis

Dans cette station thermale réputée, pause relaxante dans les bassins, intérieurs et en plein air, alimentés par des sources chaudes naturelles.

| Bains gratuits, piscine payante.

1 ONE EYED BUFFALO BREWING COMPANY

528 Broadway St, Thermopolis

Pub convivial où déguster les classiques de la cuisine américaine accompagnés de bières artisanales maison.

| Tlj 11h-21h (20h dim) | Burgers 12-15$, salades et wraps 12-17$.

C CASPER

À 210km de Thermopolis via US 26

De 1840 à 1869, au plus fort de la conquête de l'Ouest, près de 500 000 émigrants sont passés à Casper ! Une épopée à revivre au **National Historic Trails Interpretive Center**.

| 1501 N Poplar St | nhtcf.org

D CHEYENNE

Dans la **capitale du Wyoming**, retrouvez l'ambiance de ville pionnière du 19e s le long des rues de **Downtown Historic District** (autour de Lincoln Way). De passage fin juillet dans la ville, ne manquez pas les 10 jours du **Cheyenne Frontier Days** (payant), le rodéo le plus célèbre des États-Unis.

Rodéo au Cheyenne Frontier Days

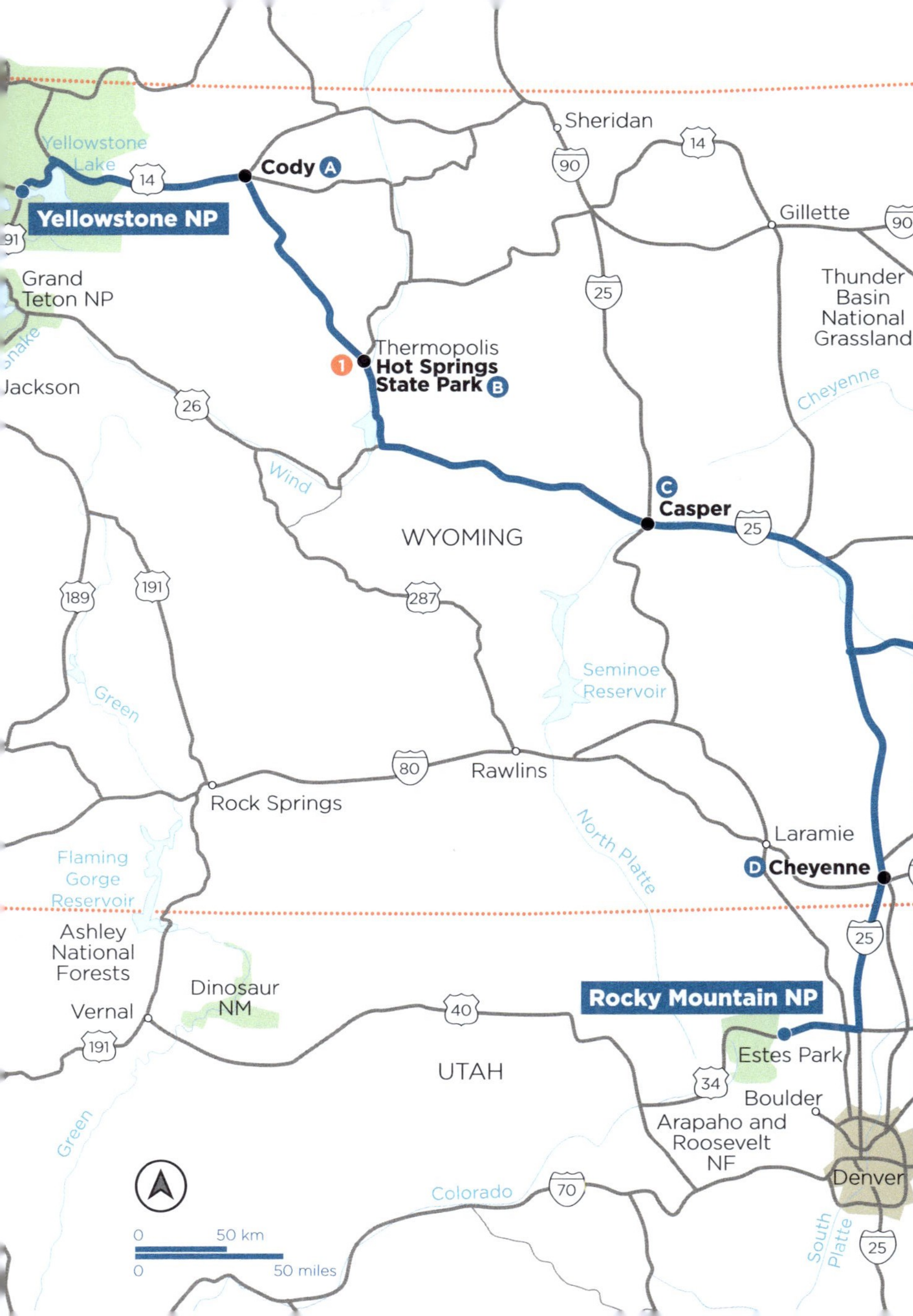

Yellowstone NP
Yellowstone Lake
14
Cody A
Sheridan
90
14
Gillette
90
Thunder Basin National Grassland
Grand Teton NP
Snake
Jackson
26
Thermopolis
1
Hot Springs State Park B
25
Cheyenne
Wind
C
Casper
25
WYOMING
189
191
287
Seminoe Reservoir
Green
80
Rawlins
Rock Springs
North Platte
Laramie
D Cheyenne
Flaming Gorge Reservoir
Ashley National Forests
25
Rocky Mountain NP
Dinosaur NM
Vernal
40
191
Estes Park
UTAH
34
Boulder
Arapaho and Roosevelt NF
Green
Denver
Colorado
70
0 50 km
0 50 miles
South Platte
25

ROCKY MOUNTAIN NATIONAL PARK

REJOINDRE ROCKY MOUNTAIN NATIONAL PARK

En voiture : Estes Park est à 100km N-O de Denver par US 36.
En navette : transfert possible entre l'aéroport de Denver et Estes Park (Estes Park Shuttle, estesparkshuttle.com).
Routes fermées en hiver (de mi-oct à fin mai) : Trail Ridge Rd et Old Fall River Rd.

CONSEILS

Saisons : haute saison de fin juin à mi-sept et les week-ends en automne. Avril et mai sont moins fréquentés, mais le parc est encore souvent enneigé ; déc-avr pour le ski et la randonnée en raquettes.
Arrivée : avant 9h en haute saison pour éviter l'attente aux péages et trouver une place de parking.
Randonnées : partir avant 8h30 ou après 15h pour éviter la foule.
Altitude : pour éviter le mal aigu des montagnes (nausées, maux de tête, vertige), passez au moins une nuit d'acclimatation à 3 000-3 500m, avant d'aller plus haut.
Dangers : ours noirs et pumas nombreux dans le parc : conteneurs à nourriture obligatoires pour partir en randonnée dans le *backcountry*. La **foudre** : l'été, les orages dans le parc sont violents. **Avalanches** : courantes l'hiver et au début du printemps. Suivez les conseils des rangers.

INFOS PRATIQUES

Ouverture : toute l'année, 24h/24.
Tarifs : 30$ (1 j.) ou 35$ (7 j.) ; inclus dans le *pass* America the Beautiful. Achat aux péages.
Péages : Beaver Meadows, sur l'US 36, à 6km O d'Estes Park ; **Fall River** (US 34), à 7,5km N-O d'Estes Park.
Internet : nps.gov/romo
Visitor Centers : Beaver Meadows (principal), sur l'US 36, à 5km O d'Estes Park ✆ 970 586 1206. Tlj 8h-17h (16h30 l'hiver) ; **Alpine** (à 3 600m d'altitude). Tlj 9h-17h fin mai-mi-oct. Arriver avant 10h ou après 15h.
Backcountry Permit Office : Mills Dr, Estes Park, à 100m du Beaver Visitor Center.
General Store (supérette)**: Safeway**, 451 E Wonderview Ave, Estes Park. Tlj 6h-23h.
Essence : Safeway Fuel Station, 621 Big Thompson Ave, Estes Park. Tlj 7h-22h.

BACKCOUNTRY PERMIT

Obligatoire pour camper dans les *primitive campgrounds* de l'arrière-pays (*wilderness*). **Demande** possible jusqu'à 3 j. avant le départ sur recreation.gov. **Tarif :** 36$/permis (7 pers. max). **Conseil :** résa 4 mois à l'avance pour un voyage en haute saison.

Wapiti le long du Trail Ridge Road

SE DÉPLACER DANS ROCKY MOUNTAIN NATIONAL PARK

- **Trail Ridge Road:** véhicule privé indispensable. Fermé de Many Parks Curve à Colorado River Trailhead de mi-oct à fin mai.
- **Bear Lake, Glacier Basin, Moraine Park:** véhicule privé (parkings complets après 9h30) ou navettes gratuites.
- **Old Fall River Road:** véhicule privé indispensable. Ouv juil-4 sept.
- **Navettes gratuites:** au départ d'Estes Park Visitor Center. **Hiker Shuttle Route** pour Glacier Basin, puis correspondance avec **Bear Lake Route** et **Moraine Park Route** pour ces deux sites. Tlj 7h30-20h de Memorial Day (fin mai) à mi-oct.

HÉBERGEMENT

- **Campings aménagés:** 4 campings sur résa (Aspenglen, Glacier Basin, Moraine Park, Timber Creek), un autre sur le principe "premier arrivé, premier servi" (Longs Peak). Ouv de fin mai à mi-sept/mi-oct (sf celui de Moraine Park, ouv tte l'année). Résa très conseillée l'été, jusqu'à 6 mois à l'avance sur recreation.gov
- **Campings sauvages:** nombreux sites au cœur du parc (*wilderness*). Résa indisp sur recreation.gov (mars-oct). Backcountry Permit obligatoire.
- **Hôtels et lodges:** hors parc, à Estes Park et Grand Lake. Résa: visitestespark.com et gograndlake.com

ROCKY MOUNTAIN NATIONAL PARK

Lacs de montagne, hauts pics enneigés, prairies parsemées de fleurs… La star incontestée du Colorado est un formidable terrain de jeu propice au ski, à la randonnée, au VTT, au rafting et à la pêche.

VISITES ET ACTIVITÉS

- A Horseshoe Park
- B Trail Ridge Road
- C Colorado River Trail
- D Bear Lake Road
- E Balade à cheval

HÉBERGEMENTS ET RESTOS

1. Aspen Glen Campground
2. YMCA of the Rockies
3. Stanley Hotel
4. The View Restaurant
5. Mountain Home Café
6. Smokin' Dave's BBQ & Brew

Bear Lake

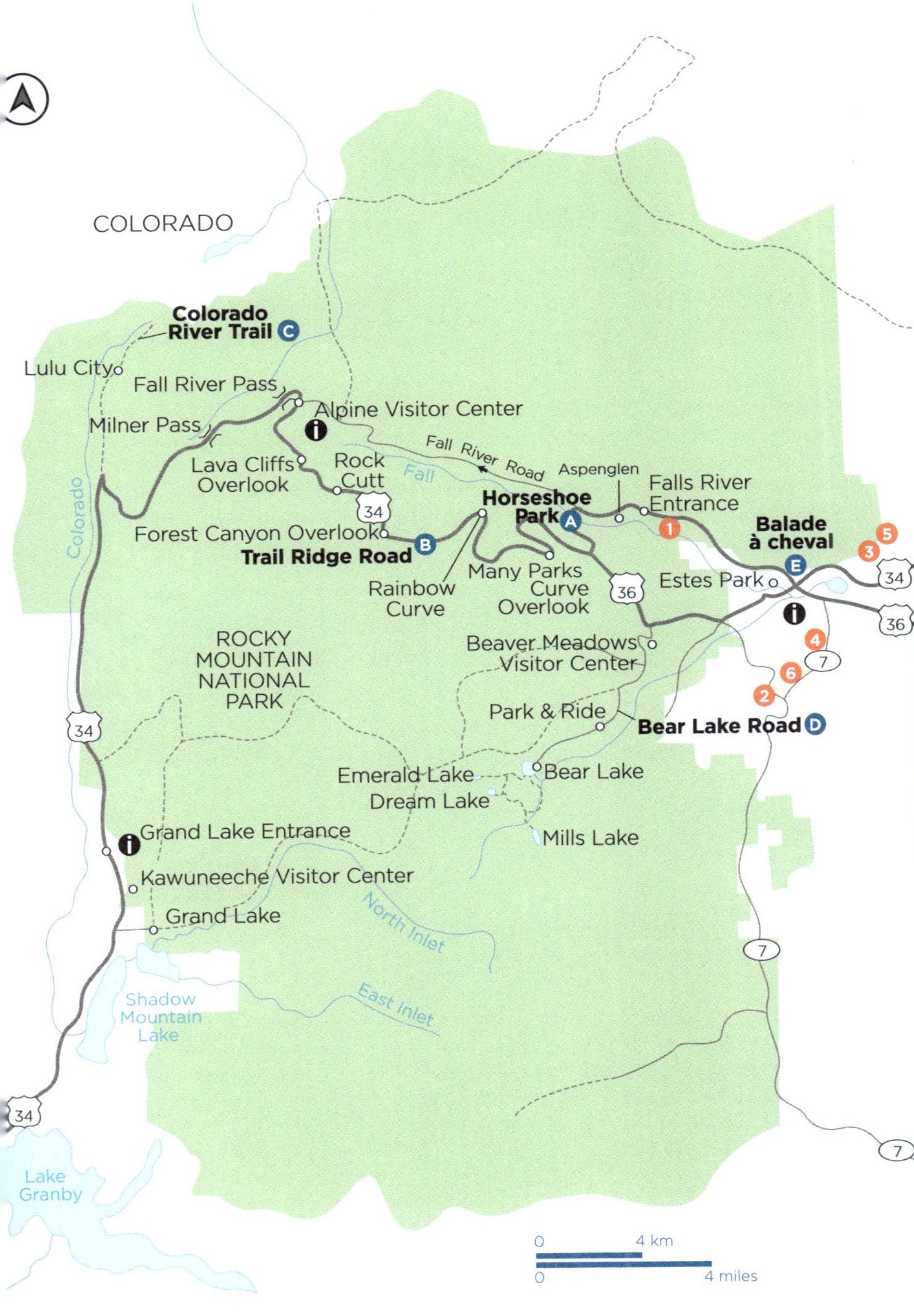

COLORADO
Colorado River Trail C
Lulu City
Fall River Pass
Alpine Visitor Center
Milner Pass
Lava Cliffs Overlook
Rock Cutt
Fall
Fall River Road
Aspenglen
Falls River Entrance
Horseshoe Park A
Balade à cheval
34
Forest Canyon Overlook
Trail Ridge Road B
Rainbow Curve
Many Parks Curve Overlook
36
Estes Park
E
Colorado
ROCKY MOUNTAIN NATIONAL PARK
Beaver Meadows Visitor Center
7
Park & Ride
Bear Lake Road D
Emerald Lake
Bear Lake
Dream Lake
Mills Lake
Grand Lake Entrance
Kawuneeche Visitor Center
Grand Lake
North Inlet
East Inlet
Shadow Mountain Lake
Lake Granby
0
4 km
0
4 miles

ROCKY MOUNTAIN NATIONAL PARK VISITES ET ACTIVITÉS

A HORSESHOE PARK

Après l'entrée de Beaver, à la jonction avec US 34, prendre à dr.

Cette haute vallée déroule des prairies herbeuses où serpente Fall River. L'endroit idéal pour voir mouflons et wapitis. La route de Old Fall River rejoint Trail Ridge Rd 18km plus loin.

B TRAIL RIDGE ROAD

US 34 entre Estes Park et Grand Lake | 77km | 2-3h

Cette route panoramique – l'une des plus belles et des plus hautes d'Amérique du Nord – est la meilleure façon de découvrir rapidement le parc et d'accéder aux sentiers de randonnée. Ne manquez pas les points de vue **Many Parks Curve**, de **Forest Canyon**, qui marque l'entrée dans la toundra alpine, celui de **Rock Cutt** ou encore celui de **Lava Cliffs**, le point le plus haut de la route (3713m !).

C COLORADO RIVER TRAIL

Via Trail Ridge Rd | Randonnée facile | 10km AR | Départ : Colorado River Trailhead

Une très belle randonnée entre forêts et prairies, le long du Colorado, jusqu'à la cité minière fantôme de **Lulu City**, créée en 1879 par le prospecteur d'or Joe Shipler. Non loin de sa source, au col de La Foudre (à 1h30 de marche via Little Yellowstone Trail), le grand fleuve du Sud-Ouest n'est encore qu'un maigre torrent.

D BEAR LAKE ROAD

Navette gratuite depuis Beaver Meadows Visitor Center

Cette route panoramique mène à l'une des zones les plus magiques et les plus fréquentées du parc. Possibilité de randonner toute la journée d'un lac de montagne à l'autre : de **Bear Lake** à **Dream Lake** (4km AR, facile), puis **Emerald Lake** (+2km AR, facile) ou jusqu'au superbe **Mills Lake** (4,5km AR, modéré).

E BALADE À CHEVAL

Mi-mai-sept

"Traverser les prairies, s'arrêter au bord des lacs... La beauté du parc se découvre encore mieux à cheval. Pas plus de 6 cavaliers par sortie."

*| **Sombrero Ranches** : Estes Park | sombrero.com | Payant.*

ROCKY MOUNTAIN NATIONAL PARK HÉBERGEMENTS ET RESTOS

1 ASPENGLEN CAMPGROUND
Cascade Cottages Rd, Estes Park

"Un calme absolu, des animaux au sortir de la tente, cadre magique. Une valeur sûre pour camper dans les Rockies."
| *Fin mai-sept* | *Résa possible* | *30$.*

2 YMCA OF THE ROCKIES
2515 Tunnel Rd, Estes Park

- Une auberge de jeunesse dans un site naturel au pied des montagnes, proche de l'entrée du parc.
- Chambres d'hôtel et *cabins* tout confort.

| Cabins *109-199$.*

3 STANLEY HOTEL
333 E Wonderview Ave, Estes Park

"Le Stanley est un beau caprice au regard de son prix. C'est ici, dans cet hôtel hanté, que Stephen King eut l'idée d'écrire *Shining*."
| *320-430$.*

Stanley Hotel

4 THE VIEW RESTAURANT
300 Riverside Dr, Estes Park

- Dans le Historic Crags Lodge (1914) avec vue sur Prospect Mountain.
- Cuisine américaine raffinée.

| *L'été, mer-dim 17h-21h ; le reste de l'année, jeu-lun 17h-20h* | *Empanadas 18$, grilled Ribeye 43$.*

5 MOUNTAIN HOME CAFÉ
457 E Wonderview Ave, Estes Park

- Toutes les spécialités du petit déjeuner américain : pancakes, *french toasts*, gaufres, omelettes, mais aussi burgers, burritos…

| *Tlj 7h-14h30 (dim 14h)* | *Breakfast 5-13$.*

6 SMOKIN' DAVE'S BBQ & BREW
820 Moraine Ave, Estes Park

- Un BBQ très populaire pour qui apprécie grillades, *pulled pork* et burgers. Également des bières artisanales.
- Décor typique.

| *Tlj 11h-21h (20h en hiver)* | *Plats 12-35$.*

TRAJET DE ROCKY MOUNTAIN À DENVER

• Trajet en voiture : 140km/90miles (2h20 sans les arrêts).

A BOULDER

US 36 | bouldercolorado.gov

Connue pour son université et sa vie étudiante, Boulder est aussi célèbre pour ses **Flatirons**, 5 formations rocheuses de grès rouge, au versant plat comme un fer à repasser (*"flatiron"*), dominant l'ouest de la ville. Allez les voir de loin depuis la prairie de **Chautauqua Park**, où vous pourrez vous poser pour un pique-nique, ou de près, en empruntant **Flatirons Loop** à travers pins et pierriers.

| Flatirons Loop : rens. au Ranger Cottage, Kinnikinic Rd | 4km | 2h | Modéré.

1 CAFE AION

1235 Pennsylvania Ave, Boulder

Dans un joli café tout en bois, délicieuse cuisine d'inspiration hispanique et marocaine : paella, falafels, tajines, tapas.

| Mar-ven 15h-21h, sam-dim 11h-21h
| Plats 12-34$; paella (2-3 pers) 53-61$.

Flatirons de Boulder

B GOLDEN

| Buffalo Bill Grave & Museum, Lookout Mountain Rd, musée payant
| Coors Brewing Company, 13th & Ford Street, 10$

Deux raisons au moins de s'arrêter à Golden. La 1re, pour aller sur la tombe de la légende de l'Ouest, William Cody, alias **Buffalo Bill**, enterré en 1917 au sommet de Lookout Mountain. Profitez-en pour visiter le musée voisin qui lui est consacré. La 2de raison, c'est la **Coors Brewing Company**, à laquelle on doit l'incontournable bière. La visite de la brasserie, la plus grande du monde, inclut une dégustation.

C RED ROCKS AMPHITHEATRE

18300 W Alameda Pkwy, Morrisson

Dernière halte avant Denver, cet amphithéâtre de 9 000 places, coincé entre des falaises de grès rose, est un lieu magique à découvrir au coucher du soleil ou lors d'un concert.

| redrocksonline.com | Gratuit.

Rocky Mountain NP
Estes
36
Loveland
Twin Sisters Peak East
Long Peaks
Lyons
Allenspark
Longmont
Altona
25
36
North Platte River
A Boulder
1
FLATIRONS
76
36
93
70
B Golden
70
70
Denver
6
C Red Rocks Amphitheatre
25
10 km
10 miles

INDEX

INDEX

NOTES

NOTES

CRÉDITS PHOTOS

Adobe Stock

(DR) p.88cg, p.147bd, p.156b ; aheflin p.147hd ; albertczyzewski p.32hg ; andreykr p.181 ; Andy Konieczny p.46 ; Armin Hering p.28hd ; Benjamin p.122b ; blewulis p.24bd ; Brad Pict p.120, p.164 ; Brent Hofacker p.38bc ; Bryan Busovicki p.9 ; Chris p.62h ; Clifton p.184bd ; Craig Zerbe p.12, p.127 ; David p.104cd ; desertsolitaire p.124 ; Doug p.87 ; Dudarev Mikhail p.14 ; exclusive-design p.38bg, p.178bg ; eyetronic p.58 ; f11photo p.51, p.147hc ; Filip Rytych p.6 ; forcdan p.20 ; garytog p.69 ; gert hochmuth p.168 ; haveseen p.202h ; heyengel p.53h ; Jag_cz p.38cd ; Jim Curran p.36hc ; Jim Glab p.74 ; jonbilous p.35hc ; jovannig p.161 ; jzajic p.186bg ; kellyvandellen p.132hg ; Kit Leong p.177h ; Krzysztof Wiktor p.125 ; Laurens p.84hg ; lucky-photo p.85 ; LucVi p.24hg ; lunamarina p.62b ; Margaret p.213hg ; mikesch112 p.35bd ; Natalia Bratslavsky p.17 ; Nick Fox p.177b ; petrrgoskov p.38hd ; philipus p.24hc ; Pixelshop p.28bg ; Roan p.72 ; ronniechua p.25bd ; Scott Bufkin p.25hc, p.73hg ; Sean p.76bg ; SeanPavonePhoto p.98 ; shaiith p.38hc ; Silvio p.37hg ; Silvy K. p.206hd ; Steve p.147cd ; tasq06 p.130 ; Terence Mendoza p.84bd ; The Pink Panda p.63 ; Tom Nevesely p.75 ; Tomasz Wozniak p.35bc ; tomreichner p.31bc ; travelview p.88hc ; Tupungato p.27bg ; Zack Frank p.174 ; Zak Zeinert p.167.

AGE Fotostock

Francesco Dibartolo / Panther Media p.38bd ; Gary Crabbe p.64 ; John Pulsipher/imageBROKER p.36bd ; Kobby Dagan / VWPics p.90 ; kwiktor / Fotosearch p.147cg ; markskalny / Fotosearch p.122cd ; Markus Meyer / Panther Media p.60hg ; Richard Semik p.82 ; saguaropictures / Fotosearch p.28bd.

Hemis

Aurora p.188b ; Brent Hofacker / Alamy p.38hg ; Cephas Picture Library / Alamy p.155 ; Craig Lovell / Eagle Visions Photography / Alamy p.77bd ; Dave Stamboulis / Alamy p.30bd ; David Wall / Alamy p.131hg ; Ed Callaert / Alamy p.196 ; Frumm John p.25hg ; GC Stock / Alamy p.35bg ; Greg Vaughn / Alamy p.32bc ; H. Mark Weidman Photography / Alamy p.195 ; Houdin Nathalie p.128 ; imageBROKER p.5, p.142bd ; Jesse Kraft / Alamy p.203hg ; John Elk III / Alamy p.133b ; Jon Arnold Images p.25bc, p.56cg ; Lemaire Stéphane p.34 ; Michael Runkel Utah / Alamy p.158 ; Niebrugge Images / Alamy p.140 ; Nikreates / Alamy p.39 ; Richard Ellis / Alamy p.95hd ; Russ Bishop / Alamy p.30bc ; Westend 61 p.22, p.30bg ; Wiskerke / Alamy p.154c ; Zachary Frank / Alamy p.35hd.

Shutterstock

(DR) p.10, p.11, p.19, p.31bg, p.32bd, p.36bg, p.37hc, p.54, p.57, p.92, p.95bg, p.194, p.210 ; AB Photographie p.31hg ; Agnieszka Bacal p.31hc ; Alexey Kamenskiy p.192 ; Anders Riishede p.199 ; Andrew D. Prevost p.186h ; Andriy Blokhin p.156c ; Angelina Pilarinos p.96 ; ApinBen4289 p.30hg ; Autumn Sky Photography p.66h ; Belikova Oksana p.27bd ; Bella Bender p.113 ; Bill45 p.81 ; Brian Kerls Photography p.153 ; Bridget Calip p.209 ; canadastock p.117 ; ChameleonsEye p.24hd ; Checubus p.100cd ; CherylRamalho p.200 ; Craig Zerbe p.111hd ; CreatingEzra p.28hc ; Czech Evgenia p.32bg ; Danae Abreu p.203bd ; Dancestrokes p.147bg ; dlhca p.144 ; EB Adventure Photography p.28hg ; Ece Chianucci p.48hg ; elvistudio p.94hd ; Emma Jones p.132bd ; EQRoy p.205 ; Eric Urquhart p.138bg ; evenfh p.43bd ; Everett Collection p.25bg, p.37hd ; Filip Fuxa p.43bc ; Francesco Cantone p.182 ; FranciscoMarques p.43hc ; GagliardiPhotography p.24bg ; Goldilock Project p.73bd ; hafakot p.108 ; Helga_foto p.60bd ; Hit1912 p.32hc ; IrinaK p.176 ; Jakub Zajic p.66b ; Javen p.43c, p.101bg ; Jay Yuan p.152hd ; Jeff Whyte p.52bg, p.53bd, p.102bc ; Jerome Labouyrie p.43bg ; Jim Lambert p.202bg ; Joe Farah p.188h ; Karen Gilston p.121 ; kavram p.78 ; Keith J. Finks p.154hg ; Konoplytska p.110 ; Kreig Rasmussen p.178hd ; Lefteris Papaulakis p.37bg ; Lincoln Rogers p.206bd ; Lindasj22 p.160 ; littlenySTOCK p.150 ; Lucky-photographer p.37bd ; lunamarina p.103hg ; Maciej Bledowski p.147cg ; Margaret.Wiktor p.147bc ; matteo_it p.104bc ; Matthew Thomas Allen p.184cg ; Melanie Hobson p.43cg ; Mia2you p.163 ; Michael Gordon p.185 ; MisterStock p.31hd, p.37bc ; mmccloskey p.212 ; Nagel Photography p.152bd ; Nate Loper p.27hg ; Nella p.35hg ; Oomka p.137 ; Pabkov p.15 ; Paul R. Jones p.76hd ; PaulienDam p.100bg ; Petr Podrouzek p.111b ; Philip Rodgers p.214 ; Phillip Rubino p.213c ; Pi-Lens p.86 ; Pnnchen p.131bd ; Rob Maille p.133h ; Robert Callaway p.24bc ; Robert Marktl p.70 ; Roman Khomlyak p.142hg ; RomanRaD p.102hd ; Ronald Broad p.141cd ; Roschetzky Photography p.61 ; Ryan Kelehar p.30hd ; Sarah Michals p.28bc ; schmaelterphoto p.149 ; Sergey Novikov p.56bd ; Sergio TB p.52hd ; Sherry Talbot p.134 ; Simon Dannhauer p.141hg ; SlecnaEll p.112 ; smspsy p.103cd ; Sopotnicki p.94bg ; spacaj p.114 ; Square Box Photos p.50 ; Stephen Moehle p.27hd ; Steve Boice p.30hc ; Steve Bower p.173 ; Steve Smith p.25hd ; sumikophoto p.43cd ; Tabor Chichakly p.43hd ; Tami Freed p.36hd ; Tangent Imagez p.204 ; Terry Reimink p.143bg ; Thomas Kimber p.31bd ; TierneyMJ p.48b ; Toms Auzins p.77hg ; travelview p.36hg ; Tripod Travelers p.191 ; Tupungato p.107 ; Uladzik Kryhin p.49 ; Usa-Pyon p.97 ; Victor Maschek p.138hd ; Virrage Images p.143hc ; Wildnerdpix p.170 ; Worayoot Pechsuwanrungsee p.32hd ; yhelfman p.56hd ; Yingna Cai p.41 ; Zhukova Valentyna p.118.

COUVERTURE

Monument Valley, © Mauritius / Hemis.fr

La collection Simplissime Voyage a été développée en étroite collaboration avec **Jean-François Mallet**

Direction : Sidonie Chollet
Direction éditoriale : Cécile Petiau
Édition : Joël Ambroggi
Rédaction : Delphine Givord, Jean-Philippe Cavaillez

Cartographie : Frédéric Clémençon, Aurélie Huot
Fabrication : Liza Sacco
Conception graphique de la maquette intérieure et de la couverture : Studio HelloÉlo
Mise en pages : Chrystel Arnould

Contact presse : Rachida Mazef | rmazef@hachette-livre.fr | Tél. 01 43 92 36 66

L'éditeur tient à remercier Céline Le Lamer pour son regard précieux.

Aussi soigneusement qu'il ait été établi, ce guide n'est pas à l'abri de changements de dernière minute.
Ne manquez pas de nous faire part de vos remarques et de vos découvertes à :
guidesimplissime@hachette-livre.fr

Conformément à une jurisprudence constante (Toulouse 14-01-1887), les erreurs ou omissions involontaires qui auraient pu subsister dans ce guide malgré nos soins et les contrôles de l'équipe de rédaction, ne sauraient engager la responsabilité de l'éditeur.

© 2023, Hachette Livre (Hachette Tourisme).
Tous droits de traduction, de reproduction et d'adaptation réservés pour tous pays.

Édité par Hachette Livre (58, rue Jean-Bleuzen, CS 70007, 92178 Vanves Cedex)
Imprimé en Espagne par Estella Graficas.
Achevé d'imprimer : février 2023
ISBN : 978-2-01-788143-8 / 83-8077-1
Dépôt légal : février 2023. Collection n° 35. Éd. 01